Anne Pare

Soziale Arbeit und Demenz

Ein Wegweiser für die Beratung pflegender Angehöriger

Bibliografische Information der Deutschen Nationalbibliothek:

Die Deutsche Nationalbibliothek verzeichnet diese Publikation in der Deutschen Nationalbibliografie; detaillierte bibliografische Daten sind im Internet über http://dnb.d-nb.de abrufbar.

Impressum:

Copyright © Studylab 2018

Ein Imprint der Open Publishing GmbH

Druck und Bindung: Books on Demand GmbH, Norderstedt, Germany

Coverbild: Open Publishing GmbH | Freepik.com | Flaticon.com | ei8htz | Pixabay

Inhaltsverzeichnis

Widmung

Gewidmet Opa Heiner und Oma Monika

und allen, die euch unterstützt haben

1 Einleitung

Warum bedarf das Thema „Demenz" in unserer Gesellschaft einer hohen Aufmerksamkeit? Zur Erläuterung seien aktuelle gesellschaftliche Entwicklungen in Betracht gezogen, die Einfluss auf die Situation der Betroffenen und derer Angehörigen ausüben.

Demographische Entwicklungen

Die deutsche Bevölkerungsstruktur verändert sich: während die Geburtenrate abnimmt, steigt die Lebenserwartung, was eine Verringerung der Gesamtbevölkerung und zugleich eine Überalterung unserer Gesellschaft bewirkt. Mit der höheren Lebenserwartung geht auch die Zunahme der Pflegebedürftigkeit einher. So hat der demographische Wandel eine Schaffung komplexer Pflege- und Betreuungsleistungen zur Folge. Um menschenwürdige Pflege und Betreuung zu gewährleisten, wurden in den Sozialgesetzbüchern viele Rechte und Gesetze bezüglich alter, kranker und von Behinderung betroffener Menschen veröffentlicht. Die Komplexität verschiedener Möglichkeiten und Rechte macht das Angebots-Leistungs- und Hilfsspektrum für viele Betroffene und Angehörige undurchsichtig und unverständlich. Professionelle Beratung wird notwendig. Ein breites Handlungsfeld für die Soziale Arbeit tut sich auf.

Pluralisierung der Lebensformen und Individualisierungsthese

Die Stabilität von Ehe und Familie nimmt kontinuierlich ab und Familienkonstellationen verändern und pluralisieren sich. „Die Familie" gibt es nicht mehr, sondern nur „Familien". Dies wird aktuell in vielen Veröffentlichungen thematisiert. Den Wandel begründen verschiedene Autoren mit der ökonomischen Wohlstandssteigerung, dem sozialstaatlichen Absicherungssystem und dem gestiegenen Bildungsniveau. Diese aktuelle Entwicklung der Pluralisierung der Lebensformen wird durch verschiedene Thesen bezeichnet. Während einige Autoren die aktuellen Vorgänge als Chance auf mehr individuelle Freiheit sehen und von einem Individualisierungsprozess sprechen, bedauern andere diesen Traditionsverlust und bezeichnen das Geschehen als „De-Institutionalisierungsprozess der Familie".[1] „Die Zunahme der Scheidungen und die höheren Quoten von Alleinlebenden und Unverheirateten sowie der Rückgang der durchschnittlichen Kinderzahl und die steigende Kinderlosigkeit können zu Engpässen im Unterstützungspotential der

---

[1] Nave-Herz (2015), S.13.

zukünftigen Älteren führen [...]. Zugleich könnte die Bereitschaft und Fähigkeit zur Übernahme von Pflege- und Betreuungsleistungen durch die Trends der Individualisierung und der Pluralisierung der Lebensformen [...], durch eine vom Ausbau sozialstaatlicher Leistungen begünstigte Abnahme familialer Bindungen und Verpflichtungen [...], durch eine steigende Erwerbsbeteiligung der Frauen, ein späteres Ausscheiden aus dem Erwerbsleben oder die vielfach geforderte höhere Mobilität und Flexibilität der Erwerbstätigen [...] abnehmen."[2] Die Entwicklung der Pluralisierung der Lebensformen verringert möglicherweise die Bereitschaft zur familialen Pflege und Betreuung. Gleichzeitig verändert sich die deutsche Bevölkerungsstruktur: während die Geburtenrate abnimmt, steigt die Lebenserwartung, was eine Verringerung der Gesamtbevölkerung und zugleich eine Überalterung unserer Gesellschaft bewirkt. Mit der höheren Lebenserwartung geht auch die Zunahme der Pflegebedürftigkeit einher. So hat der demographische Wandel eine Schaffung komplexer Pflege- und Betreuungsleistungen zur Folge. Die zu koordinieren ist ein Handlungsfeld für die Soziale Arbeit.

Soziale Arbeit als Menschenrechtsprofession

Soziale Arbeit wird als eine Menschenrechtsprofession verstanden. So werden in der „Definition of Social Work" des Internationalen Berufsverbandes der Sozialen Arbeit (IFSW = International Federation of Social Workers) die Prinzipien der Menschenrechte und der sozialen Gerechtigkeit als Grundlagen der Sozialen Arbeit beschrieben. „Soziale Arbeit als Beruf fördert den sozialen Wandel und die Lösung in zwischenmenschlichen Beziehungen, und sie befähigt die Menschen, in freier Entscheidung ihr Leben besser zu gestalten. Gestützt auf wissenschaftliche Erkenntnisse über menschliches Verhalten und soziale Systeme greift Soziale Arbeit dort ein, wo Menschen mit ihrer Umwelt in Interaktion treten."[3] Der systemtheoretische Ansatz der Sozialen Arbeit begründet die Menschenwürde als Notwendigkeit zum Schutz vor der Verletzung objektiv vorliegender menschlicher Bedürfnisse. Werte werden als Eigenschaften, die den Menschen alltags- und entwicklungsfähig machen, bezeichnet. Die Umsetzung dieser Werte unterstützt die Soziale Arbeit „durch ihre Mitarbeit an der Bewältigung, Minimierung und Verhinderung sozialer Probleme auf individueller und sozialstruktureller Ebene", was sie als Menschenrechts-

---

[2] Burkart, G. (2009), S.138.
[3] Spatscheck, C. (2008), S.6.

profession auszeichnet.[4] Die Menschenrechte stehen jedem bedingungslos zu, aber Voraussetzung zu deren Realisierung ist die Einhaltung moralischer Pflichten durch die Menschen.[5] Doch besonders für die Adressaten der Sozialen Arbeit sind die gesetzlichen Ansprüche oft nicht verwirklicht.[6] So ist zum Beispiel auch „der für Menschen mit Behinderung in SGB IX § 1 formulierte Anspruch, dass alle Menschen ein Recht auf volle Selbstbestimmung und Teilhabe ohne Benachteiligung an der Gesellschaft haben, [...] längst nicht umgesetzt."[7] „Ilse Arlt zufolge wird der Entwicklungsstand einer Gesellschaft nicht nur durch seine Höchstleistungen, sondern auch durch seine >> Grenznot << bestimmt: also die tiefste geduldete Entbehrung. Diese tiefste geduldete Entbehrung lokal, national und international an die Öffentlichkeit zu tragen und im Lichte der Menschen, insbesondere Sozialrechte zu beurteilen sowie durch die erneuerte Verknüpfung von Sozialer Arbeit und Sozialpolitik einzubringen, das wäre wohl einer der wichtigsten disziplinären und professionellen Aufträge der Sozialen Arbeit."[8] Spatscheck ruft dazu auf, denen Teilhabe zu ermöglichen, die bisher davon ausgeschlossen wurden und so den Menschenrechten mehr Geltung zu verschaffen. Hierbei sollte sich die Soziale Arbeit hohe Ideale als Orientierungspunkte setzen. Menschenrechte werden als Realutopien betrachtet, deren Umsetzung stets neu verdeutlicht und erkämpft werden muss. Als konkrete Aufgaben der Sozialen Arbeit nennt Spatschek die „advokatorische Tätigkeit in der Rechtsberatung" zur Umsetzung fundamentaler bürgerlicher und politischer Rechte sowie Rechte zur Teilhabe an der Gesellschaftsgestaltung; die „Mitwirkung am Aufbau und Erhalt des Sozialstaates durch sozialpolitisches und organisatorisches Engagement, Forschung und beispielhaftes Handeln in Institutionen" zur Verwirklichung wirtschaftlicher, sozialer und kultureller Rechte; die Gemeinwesenentwicklung zur Bekräftigung der Rechte auf Entwicklung, gerechten Zugang zu wirtschaftlichen Erträgen, Leben in einer sozial gerechten und ökologisch nachhaltigen Gesellschaft, Selbstbestimmung; die Menschenrechtsbildung; das Vorleben sowie öffentliche Diskurse.[9]

---

[4] Spatscheck, C. (2008), S. 6.

[5] Spatscheck, C. (2008), S. 6.

[6] Spatscheck, C. (2008), S.7.

[7] Spatscheck, C. (2008) S.7.

[8] Staub-Bernasconi, S. (2013)

[9] Spatschek, C. (2008), S.9.

Was haben alle diese Entwicklungen mit der Krankheit Demenz zu tun? Viel, denn mit dem Anstieg der Lebenserwartung und der Zunahme der Pflegebedürftigkeit geht auch die Zunahme der Demenzerkrankungen einher – vielleicht sollte man so-gar sagen: mit der Zunahme der Demenzerkrankungen geht auch die Zunahme der Pflegebedürftigkeit einher?

Die Pluralisierung der Lebensformen bzw. die Deindustrialisierung der Familie kann genau das Gegenteil von dem bewirken, was ein demenziell erkrankter Mensch am nötigsten braucht: Aufmerksamkeit, Gesellschaft, Verständnis und Zu-neigung. Die Schaffung vielseitiger Angebote und die Finanzierung verschiedener Leistungen nützt Betroffenen – den Weg durch diesen Angebots-Dschungel aufzu-zeigen, ist eine wichtige Funktion der Sozialen Arbeit.

2 Soziale Arbeit und Demenz im Handlungsfeld Beratung pflegender Angehöriger

2.1 Das Krankheitssyndrom „Demenz" am Beispiel der Alzheimer-Krankheit

2.1.1 Das Krankheitsbild Demenz

2.1.1.1 Allgemeine Beschreibung

Der Begriff Demenz bezeichnet ein Syndrom, das als Folge einer Gehirnkrankheit auftritt und welchem unterschiedliche ursächliche Erkrankungen zugrunde liegen können.[10] Bezeichnend ist die Übersetzung der lateinischen Worte ‚de' = ‚weg/ohne' und ‚mens'= ‚Geist/Verstand'. „Bei der Demenz kommt es zu einer deutlichen Abnahme der intellektuellen Leistungsfähigkeit und gewöhnlich zu Beeinträchtigungen in den persönlichen Aktivitäten des täglichen Lebens [...]. Wie sich die Beeinträchtigung äußert, hängt stark von den sozialen und kulturellen Gegebenheiten ab, in denen die betroffene Person lebt."[11] Geistige und damit einhergehend auch körperliche Fähigkeiten gehen verloren und die Wahrnehmung, das Verhalten und das Erleben eines Menschen verändern sich. Diese Veränderungen sind chronisch und nehmen mit fortschreitendem Krankheitsverlauf zu.

2.1.1.2 Diagnose

Nach der von der WHO herausgegebenen und fortgeschriebenen Internationalen Klassifikation psychischer Störungen (International Classification of Diseases) ICD-10, Abschnitt V (F), wird eine Demenz dann diagnostiziert, wenn für einen Zeitraum von mindestens sechs Monaten die Symptome Gedächtnisschwund, Verringerung des Denk- und Urteilvermögens sowie eine beeinträchtigte Informationsverarbeitung und eine damit einhergehende Einschränkung der Alltagskompetenz nachgewiesen werden.[12]

Auch das von der American Psychiatric Assosciation 1994 herausgegebene Klassifikationssystem DSM-IV-TR (Diagnostische Kriterien des Diagnostischen und Statischen Manuals Psychischer Störungen) stellt diagnostische Kriterien zur

---

[10] Falk (2009), S.46.

[11] Dilling et al. (Hrsg.) (2008), S.63-64.

[12] Dilling et al. (Hrsg.) (2008), S.64.

Verbesserung der Zuverlässigkeit diagnostischer Urteile bereit. Wallesch und Förstl weisen auf die Problematik hin, dass die in dem DSM-IV-TR festgelegten Kriterien für die Diagnose Demenz hauptsächlich auf das Bild der Alzheimer-Krankheit zugeschnitten sind, aber einige Demenzformen in frühen Phasen wie die frontotemporale Demenz und die Demenz mit Lewy-Körperchen, deren alltagsrelevante Behinderungen nicht vordergründig durch Gedächtnisstörungen charakterisiert sind, nicht berücksichtigen.[13]

Zur Diagnose durch den Hausarzt sind folgende Informationen notwendig:

- Beschwerdeschilderung und Anamnese des Patienten
- Fremdanamnese
- Neurologische und orientierend-internistische Untersuchung
- Zumindest orientierende Untersuchung kognitiver Funktionen[14]

Bei der Diagnosestellung sind Differenzialdiagnosen, also andere Erkrankungen mit ähnlichen Symptomen, zu beachten und zu unterscheiden. Wichtige Differenzialdiagnosen bei Demenz sind z.B. Depressionen, Flüssigkeits- und Nährstoffmangel, Neben- und Wechselwirkungen von Medikamenten und Funktionsstörungen der Schilddrüse. Symptome sollten auf ihre Ursachen untersucht werden, bevor eine Demenz diagnostiziert wird.[15] Definition Demenz

2.1.1.3 Definition Demenz

Definition durch Klassifikationssysteme

DSM-IV-TR definiert wie ICD-10 „Demenz zunächst allgemein als psychopathologisches Syndrom aus einer erworbenen Störung hinsichtlich Denken, Orientierung/Auffassung, Rechnen, Lernfähigkeit, Sprache und Urteilsvermögen", mit dem auch „Veränderungen der emotionalen Kontrolle, des Sozialverhaltens und der Motivation" einhergehen, insofern „die kognitiven Beeinträchtigungen [...] nicht nur im Rahmen eines Delirs auftreten, [...] eine Verschlechterung gegenüber einem vormals höheren Leistungsniveau darstellen und so stark ausgeprägt [...] [sind], dass sie sich in einer reduzierten Alltagskompetenz niederschlagen."[16]

---

[13] Wallesch; Förstl (2012), S.128.

[14] Wallesch; Förstl (2012), S.128.

[15] Kerckhoff; Wilkens (2014), S.26-30.

[16] Jahn; Werheid (2015), S.3.

Ein „Delir" ist nach DSM-IV-TR 293.0 über die Kriterien einer Bewusstseinsstörung mit eingeschränkter Fähigkeit, die Aufmerksamkeit zu richten, aufrecht zu erhalten oder zu verlagern definiert. Kognitive Funktionen verändern sich. Dieses Störungsbild entwickelt sich innerhalb kurzer Zeitspanne und fluktuiert im Tagesverlauf.

International anerkannte Definition 1984

Folgende international gültige Definition wurde 1984 von einer Arbeitsgruppe von Neurowissenschaftlern und Ärzten in den USA ausgearbeitet:

„Dementia is the decline of memory and other cognitive functions in comparison with the patient's previous level of function as determined by a history of decline in performance and by abnormalities noted from clinical examination and neuropsychological tests. A diagnosis of dementia cannot be made when consciousness is impaired [...] or when other clinical abnormalities prevent adequate evaluation of mental status. Dementia is a diagnosis based on behavior [...]."[17]	„Demenz ist das Nachlassen des Gedächtnisses und anderer kognitiver Funktionen im Vergleich zu früheren Funktionsniveaus des Patienten, bestimmt durch eine Anamnese nachlassender Leistung und durch Anomalien, die anhand der klinischen Untersuchung und neuro-psychologischer Tests festgestellt werden. Die Diagnose Demenz kann nicht gestellt werden, wenn das Bewusstsein beeinträchtigt ist oder wenn andere klinische Anomalien eine adäquate Beurteilung des Geisteszustandes verhindern. Demenz ist eine auf Verhalten beruhende Diagnose [...]."[18]

2.1.1.4 Demenzformen

Die Demenzen lassen sich grob in die zwei Hauptgruppen „primäre" und „sekundäre Demenzen" einteilen. Diesen beiden Gruppen sind verschiedene Krankheitsformen untergeordnet.[19] Die primären Demenzen werden durch direkte Hirnschädigung hervorgerufen. Die Ursachen dieser Schädigungen können neurodegenerativ (siehe 2.1.2.1) und/oder vaskulär (siehe 2.1.2.2) sein oder mit anderen Krankheiten, z.B. der Creutzfeld-Jacob-Krankheit, der Parkinson-Krankheit oder Chorea Huntington zusammenhängen (siehe 2.1.2.3).[20] Bei primären Demenzen, von welchen nach Engel 90% aller an Demenz erkrankten Menschen betroffen sind, kann der Verlauf – anders als bei sekundären Demenzen zwar verlangsamt, aber nicht

---

[17] McKhann et al. (1984), S.940.

[18] Helm (2013), S.23.

[19] Engel (2006), S.15.

[20] Falk (2009), S.46-49.

unterbrochen werden.[21] Unter sekundären Demenzen versteht man Demenzen, die durch Erkrankungen außerhalb des Gehirns hervorgerufen werden.[22] Deshalb werden sie auch als „Folgedemenzen" bezeichnet.[23] „Die meisten sekundären Demenzen werden durch die typischen Ursachen wie Medikamente, Alkohol oder Stoffwechselveränderungen verursacht, gerade aber bei jüngeren Betroffenen oder unklaren Verläufen muss auch an Sonderformen, wie parasitäre Erkrankungen oder Vergiftungen, gedacht werden."[24] So sind beispielsweise an Epilepsie, Vergiftungen, Vitamin B12-Mangel, oder Multiple Sklerose Erkrankte von einem erhöhten Risiko betroffen, auch an Demenz zu erkranken.[25] Außerdem ist ein Risikofaktor für die Demenzkrankheit auch ein hoher Blutdruck.[26] Sekundäre Demenzen werden als reversible, also rückbildungsfähige Demenzerkrankungen bezeichnet, da die Behandlung der ursächlichen Erkrankung zur Rückbildung der Beschwerden führen kann.[27] „Als häufigste Ursache einer Demenz gilt in den westlichen Ländern die Alzheimer-Krankheit, deren Anteil auf mindestens zwei Drittel der Krankheitsfälle geschätzt wird, gefolgt von den vaskulären Demenzen [...]. Oft treten Mischformen der beiden Krankheitsprozesse auf."[28]

---

[21] Engel (2006), S.15-16.

[22] Kastner; Löbach (2014), S.43.

[23] Falk (2009), S.46.

[24] Kastner; Löbach (2014), S.43-44.

[25] Falk (2009), S.49.

[26] Helm(2013), S.23-24.

[27] Falk (2009), S.49.

[28] Bickel (2016), S.1.

Primäre Demenzen			Sekundäre Demenzen
Neurodegenerative Demenzen	*Vaskuläre Demenzen*	*Mit anderen Krankheiten zusammenhängende Demenzen*	*Demenzen als Folgekrankheiten*
z.B. Alzheimer-Demenz oder Lewy-Körperchen-Demenz	z.B. Multiinfarktdemenz oder subkortikale vaskuläre Demenz	z.B. Demenz bei der Creutzfeld-Jacob-/ oder der Parkinson-Krankheit	von z.B. Epilepsie, Vergiftungen, Multiple Sklerose
Auch Mischformen			

Primäre und Sekundäre Demenzen[29]

In Feldstudien werden meist nur die Alzheimer-Demenz, vaskuläre Demenzen und sonstige Demenzen unterschieden.[30] Folglich werden deshalb die primären Demenzen näher erläutert und die verbreitete Alzheimer-Krankheit als Beispiel fokussiert betrachtet.

2.1.2 Primäre Demenzen

2.1.2.1 Neurodegenerative Demenzen

„Der Begriff Neurodegeneration bezeichnet alle Arten von Verfallserscheinungen im Nervensystem."[31] Neurodegenerative Veränderungen kommen „am häufigsten im Rahmen von Krankheiten, die durch den langsamen, unaufhaltsamen Tod von Nervenzellen gekennzeichnet sind", vor.[32] Neurodegenerative Demenzen sind Demenzen, die durch sich ausweitende Schadensprozesse in und an den Nervenzellen des Gehirns verursacht werden.[33] Gehirngewebe wird abgebaut und Neurotransmitterpegel verändern sich (siehe 2.1.2.4).[34] Zu dieser Gruppe zählen zum Beispiel die verbreitete Alzheimer-Demenz oder die Demenz mit Lewy-Körperchen.[35]

---

[29] Eigene Darstellung (angelehnt an Falk (2009), S.48; u.a.)
[30] Jahn; Werheid (2015), S.13.
[31] Jahn; Werheid (2015), S.18.
[32] Jahn; Werheid (2015), S.18.
[33] Falk (2009), S.46.
[34] Kerckhoff; Wilkens (2014), S.22.
[35] Engel (2006), S.18.

Weitere Demenzformen, die dieser Gruppe angehören, kommen so selten vor, dass oft in der Fachliteratur statt von Neurodegenerativen Demenzen nur von der Alzheimer-Demenz allgemein gesprochen wird.

2.1.2.2 Vaskuläre Demenzen

Mit vaskulären Demenzen sind Demenzen gemeint, die durch Gefäßschädigungen, die sich im gesamten Körperkreislauf, also auch im Gehirn entwickeln, verursacht werden.[36] Letztere werden als Hirnläsionen bezeichnet. Das sind vor allem stumme Hirninfarkte oder klinisch klare Schlaganfälle.[37] Winzige Infarkte, verursacht durch Zerebralsklerose (siehe 2.1.2.4), können Entzündungen und Plaques (= Ablagerungen) in den Blutgefäßen des Gehirns zur Folge haben. Dadurch verengen sich die Blutgefäße und nachfolgende Gehirnbereiche werden nur mangelhaft mit Sauerstoff versorgt, was zum Absterben des Gehirngewebes führen kann.[38] Zu der Gruppe der vaskulären Demenzen zählt beispielsweise die Multiinfarkt-Demenz.[39]

2.1.2.3 Demenzen aufgrund anderer medizinischer Krankheitsfaktoren

Wenn das Störungsbild als direkte körperliche Folge eines medizinischen Krankheitsfaktors, außer einer Alzheimer oder Vaskulären Demenz (z.B. einer Parkinsonischen Erkrankung, einer Hungtintonschen Erkrankung, oder einer Creutzfeldt-Jakobschen Erkrankung) ist, spricht man nach DSM-IV-TR 294.1x von einer primären Demenz bei anderer Krankheit.

2.1.2.4 Vorgänge im Gehirn

Zum Verständnis Neurodegenerativer Demenzen

In einem ausgewachsenen Gehirn befinden sich zehn bis 14 Milliarden Neuronen (= Nervenzellen).[40] „Die Aufgabe von Nervenzellen ist die Weiterleitung von Reizen."[41] Die Neuronen melden also dem Gehirn durch elektrische Impulse innere und äußere Reize. Die Verbindungsstellen zwischen den Nervenzellen sind Spalte

---

[36] Falk (2009), S.46.
[37] Hamann (2012), S.272.
[38] Kerckhoff; Wilkens (2014), S.23.
[39] Falk (2009), S.48.
[40] Kerckhoff; Wilkens (2014), S.1.
[41] Kerckhoff; Wilkens (2014), S.1.

und heißen Synapsen.[42] Dort schütten Neuronen Neurotransmitter (=Botenstoffe) aus, die von Rezeptoren der anderen Neuronen aufgenommen und zum Durchlaufen der nächsten Nervenzelle weitergegeben werden.[43]

Die verschiedenen Neurotransmitter (z.B. Dopamin, Serotonin, Acetylcholin, Glutamat) haben unterschiedliche Wirkungen. „Bei verschiedenen neurologischen oder psychischen Erkrankungen lassen sich Veränderungen der Neurotransmitterspiegel beobachten: Bei Parkinson liegt ein Dopamidefizit vor, bei Alzheimer ist die Acetylcholinproduktion im Gehirn reduziert, da die dafür zuständigen Nervenzellen zugrunde gehen. Bei Depressionen wird ein verminderter Spiegel des Neurotransmitters Serotonin gemessen."[44] Es wurden also bei Folgeerscheinungen von Demenzen auch zugleich Veränderungen des Neurotransmitterspiegels beobachtet.

Da das Gehirn keine eigenen Nährstoff- und Sauerstoffreserven hat, ist die Blutversorgung durch die Schlagadern von enormer Wichtigkeit. Wird diese unterbrochen, leidet das Gehirn Sauerstoffmangel, was die Funktionstüchtigkeit des Gehirns in großem Ausmaß gefährdet: „Bereits nach ca. 10 Sek Unterbrechung der Versorgung trübt sich das Bewusstsein ein, nach 2-3 Minuten treten permanente Schäden auf und Nervenzellen sterben ab."[45]

Verschiedene körperliche Mechanismen schützen dieses lebenswichtige und empfindliche Organ, so z.B. die „Blut-Hirn-Schranke", die als Barriere zwischen Blutgefäßen und Gehirn wirkt. Bei vielen neurologischen Krankheiten, unter anderem der Alzheimer-Demenz ist die Funktion dieser Barriere beeinträchtigt, da sie durch einen zu hohen Cholesterinspiegel im Blut beschädigt wurde.[46]

---

[42] Kerckhoff; Wilkens (2014), S.13.
[43] Kerckhoff; Wilkens (2014), S.13.
[44] Kerckhoff; Wilkens (2014), S.15-16.
[45] Kerckhoff; Wilkens (2014), S.10.
[46] Kerckhoff; Wilkens (2014), S.11-12.

Zum Verständnis vaskulärer Demenzen

Arterien = Blutbahnen, Adern

Sklerose = Verhärtung von Geweben und Organen

„Bezüglich der Veränderungen von Neurotransmitterspiegeln und assoziierten Parametern im Vergleich zur Alzheimer-Erkrankung liegen nur wenige Befunde vor."[47]

Vaskuläre Demenzen werden durch Durchblutungsstörungen verursacht, „deren Ursache wiederum eine krankhafte Veränderung der Arterien (Arteriosklerose) ist. Bei einer Arteriosklerose im Gehirn spricht man von einer Zerebralsklerose [...]."[48]

Risikofaktoren für Zerebralsklerose sind z.B. Rauchen, Bluthochdruck, erhöhte Blutfettwerte, Diabetes, Übergewicht, Bewegungsmangel.[49]

2.1.3 Die Alzheimer-Krankheit

2.1.3.1 Allgemeines zur Alzheimer-Krankheit

Die Alzheimer-Demenz ist die häufigste Form der Demenzerkrankungen.[50] Vermutlich deshalb widmeten sich bisher „die weitaus meisten neuropsychologischen Demenzstudien der Alzheimer-Demenz."[51] Sie ist nach dem deutschen Neurologen und Psychiater Alois Alzheimer benannt, der diese bei einer Patientin beobachtete und die Ursachen untersuchte.[52] Man unterscheidet bei der Alzheimer-Krankheit bei der Altersgrenze von 65 Jahren zwischen früh-einsetzenden und spät-einsetzenden Varianten, die frühere Unterscheidung seniler und präseniler Formen werden als heute nicht mehr tragbar bezeichnet, da die krankhaften Vorgänge im Gehirngewebe sich nicht unterscheiden.[53] Auffällig ist, dass die Krankheit bei jüngeren Menschen rascher verläuft als bei älteren.[54]

---

[47] Riederer; Hoyer (2012), S.61.

[48] Kerckhoff; Wilkens (2014), S.22.

[49] Kerckhoff; Wilkens (2014), S.23.

[50] Falk (2009), S.48.

[51] Jahn; Werheid (2015), S.25.

[52] Synder (2011), S.28.

[53] Schlegel; Neff (2012), S.68+203.

[54] Fischer; Schwarz (1999), S.51.

2.1.3.2 Ursache

„Verursacht werden die Beschwerden durch eine Atrophie (Untergang von Gewebe) der Großhirnrinde. Bei schweren Verläufen kann das Gehirn um bis zu 20% seines ursprünglichen Volumens schrumpfen. Die Hirnkammern (Ventrikel) sind dann stark erweitert. Es kommt zu einem langsam fortschreitenden Untergang von Nervenzellen und Nervenzellkontakten wie auch zu Störungen bei den Stoffwechselvorgängen der Nervenzellen. Teile der Zellhaut lagern sich aneinander an und bilden Ablagerungen, so genannte Amyloid Plaques. Außerdem bilden sich Faserknäule aus Eiweiß (Fibrillen), die ebenfalls den Nervenstoffwechsel beeinträchtigen. In der Folge dieser krankhaften Prozesse werden die Neurotransmitter, vor allem das Acetylcholin, nur reduziert gebildet und fehlen im Stoffwechsel. Gleichzeitig gehen bei Alzheimer bestimmte Rezeptoren im Gehirn zugrunde, so dass die für diesen Rezeptor bestimmten Neurotransmitter nicht mehr „andocken" können. Die entsprechenden Impulse werden nicht weitergeleitet, es kommt zu Störungen bei der Reizweiterleitung. Betroffen sind vor allem diejenigen Bereiche im Gehirn, die für Denkvermögen, Sprache und Orientierungsfähigkeit zuständig sind."[55]

2.1.3.3 Symptome der Alzheimer-Krankheit

Abnahme des Gedächtnisses und des Denkvermögens

Betroffen ist anfänglich das Kurzzeitgedächtnis, die Störung geht später aber auf das Langzeitgedächtnis über. Das Denkvermögen, die Urteils- und Reflexionsfähigkeit sowie der Ideenfluss nehmen ab. [56] „Die Informationsverarbeitung ist beeinträchtigt. Für den Kranken wird es immer schwieriger, sich mehr als einem Geschehen gleichzeitig aufmerksam zuzuwenden."[57]

---

[55] Kerckhoff; Wilkens (2014), S.31-32.
[56] Falk (2009), S.42.
[57] Falk (2009), S.42.

Orientierungsverlust

Als Folge des zunehmenden Gedächtnisverlustes nimmt auch die Orientierungsfähigkeit ab – zuerst bezogen auf Zeit und Ort, später auch bezüglich der Situation und sogar der eigenen Person.[58] „Die Desorientierung zeigt sich z.B. darin, dass sich die Kranken in der Vergangenheit, z.B. im Elternhaus, in der Jugend, in einer früheren Lebenssituation, im Krieg o.Ä. befinden und sich auch so verhalten."[59]

Aphasie

Neben gesteigerter Sprechbereitschaft verringert sich der Wortschatz und eine sprachliche Verarmung sowie Wortfindungsstörungen sind die Folge. „Die Störungen können einmünden in ein leeres Wiederholen zusammenhangloser Sätze oder derselben Worte bis hin zu oralen Automatismen und Zwangsschreien."[60]

Agnosie

Trotz intakter sensorischer Funktionen erkennen Erkrankte Gegenstände nicht wieder. „Die Patienten verstehen sich z.B. nicht mehr an- bzw. auszukleiden, weil sie die einzelnen Bekleidungsstücke nicht mehr zuordnen können."[61]

Apraxie

Betroffene können bestimmte motorische Aktivitäten trotz intakter Motorik nicht mehr ausführen. „Durch apraxische Störungen werden z.B. das Setzen, Gehen oder Stehen unmöglich. Das Bewegungsverhalten reduziert sich in den letzten Stadien der Krankheit auf wenige stereotype Automatismen. Der demenziell Erkrankte bedarf vollständig der fremden Hilfe."[62]

2.1.3.4 Auswirkungen

Beeinträchtigung der Aktivitäten des täglichen Lebens

Alltagssituationen können nicht mehr bewältigt werden. Zunehmende Unterstützungen in den Aktivitäten des täglichen Lebens wie Waschen, Kleiden, Essen zubereiten werden benötigt.[63]

---

[58] Falk (2009), S.42.
[59] Falk (2009), S.42.
[60] Falk (2009), S.43.
[61] Falk (2009), S.43.
[62] Falk (2009), S.43.
[63] Falk (2009), S.43.

Auch gehen mit den Symptomen Verhaltensstörungen und Persönlichkeitsveränderungen einher:

Störung von Antrieb und Motivation

Antrieb und Motivation sind vermindert, das psychische Tempo ist verlangsamt. Falk beschreibt beispielhaft: „Demenziell Erkrankte sitzen teilnahmslos im Sessel, sie sind schnell überfordert. Der Aufforderung, sich zu waschen, kommen sie erst nach mehrmaligem Wiederholen nach. Antriebsstörungen zeigen sich aber auch in motorischer Unruhe und ziellosem Wandern."[64]

Änderung der Stimmung und des Verhaltens

Die Krankheit Demenz erschwert auch die Kommunikationsfähigkeit Betroffener. Wissensdefizite und mangelndes Verständnis der sozialen Umgebung für die Veränderungen verstärken Verständigungsprobleme. Erkrankte „erleben ihre Einschränkungen zunächst schmerzlich und reagieren depressiv." In ihrer Unruhe und Ratlosigkeit flüchten sie sich oft in Lehrformeln und Redensarten.[65]

2.1.3.5 Verlauf der Krankheit

Der Verlauf der Alzheimerkrankheit ist bei jeder Person individuell, generell differenziert man in drei Entwicklungsstadien: es wird von dem frühen, dem mittleren und dem späten Stadium oder der leichten, der mittleren und der schweren Demenz gesprochen. Da Veränderungen im Krankheitsverlauf im Pflegealltag oft gar nicht so wahrgenommen werden, ist es wichtig, diese gezielt zu beobachten, weil sich dadurch auch der Betreuungs- und Pflegeaufwand verändert und die Möglichkeit der Abrechnung pflegerischer Leistungen beeinflusst wird.[66] „Fachkräfte, die demenzkranke Menschen und deren Angehörige begleiten, benötigen daher neben einer Fach- und Beratungskompetenzpflege-diagnostische Kenntnisse, um Belastungssituationen von Demenzkranken und ihren Angehörigen sowie Veränderungen im Krankheitsverlauf zu erkennen."[67]

---

[64] Falk (2009), S.43.

[65] Falk (2009), S.43-44.

[66] Falk (2009), S.63.

[67] Falk (2009), S.63.

In der ersten Krankheitsphase, können die Anzeichen von Patient zu Patient unterschiedlich sein. Unterhaltungen werden nach und nach schwieriger, das Gedächtnis Betroffener lässt nach. Interessen engen sich ein. Schwierigkeiten treten vor allem in Krisensituationen auf.[68]

In der zweiten Phase wird die Milderung intellektueller Fähigkeiten „immer deutlicher und zeigt sich in der eingeschränkten Fähigkeit, Alltagssituationen zu erfassen und Probleme zu lösen. Das selbstständige Erledigen alltäglicher Aufgaben [...] wird schwierig."[69]

Schließlich führt in der letzten Phase der fortschreitende Verlust des Gedächtnisses und der Fähigkeiten „zu einer völligen Verödung der Gedächtnisinhalte bis auf „inselförmige Erinnerungsspuren". [...] Zuletzt sind die Kranken völlig apathisch und hilflos. Sie nehmen sich selbst und ihre Umgebung kaum noch wahr."[70]

In folgender Tabelle wird der Verlauf einer Alzheimer-Krankheit deutlicher dargestellt.

---

[68] Falk (2009), S.64-65.
[69] Falk (2009), S.65.
[70] Falk (2009), S.65.

Symptome	Phase 1 ca. 2-3 Jahre	Phase 2 ca. 2-3 Jahre	Phase 3 ca. 2-4 Jahre
Abnahme des Gedächtnisses und des Denkvermögens	• Vergesslichkeit bei kurz zurückliegenden Ereignissen • Merkfähigkeit beeinträchtigt • Schwierigkeiten, komplexe Aufgaben zu bewältigen	• Fortschreiten der Gedächtnisstörungen • Erkennen von Zusammenhängen und planvolles Denken erheblich eingeschränkt • Beeinträchtigung des Urteilsvermögens	• vollständiger Verlust des Gedächtnisses bis auf „inselförmige" Erinnerungsspuren
Orientierungsstörungen	• Orientierungsstörungen im zeitlichen und räumlichen Bereichen	• Orientierung zu Raum, Zeit und Person gehen verloren • vertraute Personen werden nicht erkannt • Leben in der Vergangenheit	• Verlust der Orientierungsfähigkeit
Aphasie Apraxie Agnosie	• Schwierigkeiten, Gespräche zu verfolgen • Wortfindungsschwierigkeiten • Umschreibungen	• Sprache floskelhaft und inhaltsarm • ständige Wiederholungen • Koordinationsstörungen • neurologische Symptome • Wahrgenommenes wird nicht korrekt verarbeitet	• sprachliche Automatismen • totaler Sprachverlust • apraktische Störungen • Hypokinese
Antriebsstörungen und Motivationsverlust	• Antriebsschwäche • ohne Initiative • Rückzugs- und Vermeidungsverhalten	• Apathie • ziellose Unruhe und Wandern • ständiges Suchen	• völlig apathisch
Änderung der Stimmung und des Verhaltens	• Stimmungsschwankungen • gereizt • Unsicherheit • Angst • Verleugnen der Schwierigkeiten • Depression	• Unruhe, Angst • oberflächlich heiter getönte Grundstimmung • Ratlosigkeit • Wahnvorstellungen • Halluzinationen • Aggression	• nicht mehr reaktionsfähig
Probleme in der Alltagskompetenz und der selbstän-	• Routinehandlungen werden bewältigt	• Beeinträchtigungen in den Aktivitäten des täglichen Lebens, wie Waschen, Anziehen usw.	• Kachexie • Harn- und Stuhlinkontinenz • hinzutretende körperliche Erkrankungen

Überblick über den Krankheitsverlauf[71]

---

[71] Falk (2009), S.68.

2.2 Rechtliche Grundsätze zur Versorgung demenziell erkrankter Menschen

2.2.1 Abgrenzung der Begriffe Krankheit, Behinderung und Pflegebedürftigkeit und Zuordnung des Krankheitssyndroms Demenz

2.2.1.1 Krankheit

Der Begriff „Krankheit" wird im §27 SGB V vorausgesetzt und in der ständigen Rechtsprechung als „ein regelwidriger Körper- oder Geisteszustand, der ärztliche Behandlung erforderlich macht und/oder Arbeitsunfähigkeit hervorruft" definiert.[72]

Leistungen der Krankenkasse werden also ab dann gewährleistet, wenn eine Aussicht auf Besserung des Krankheitszustandes besteht und ärztliche Behandlung kein Dauerzustand ist. Die Finanzierung von Leistungen der Pflegeversicherung bei dauernder Pflegebedürftigkeit wird durch Orientierung an der Pflegestufe bis 2016 und am Grad der Pflegebedürftigkeit ab 2017 geregelt.

2.2.1.2 Behinderung nach §2 SGB IX und Art.1 UN-BRK

Behinderung nach §2 Abs. 1 SGB IX	Behinderung nach Art. 1 S.2 UN BRK
Eine Behinderung liegt vor, wenn die körperliche Funktion, die geistige Fähigkeit oder die seelische Gesundheit eines Menschen mit hoher Wahrscheinlichkeit länger als sechs Monate von dem für das Lebensalter typischen Zustand abweicht und daher die Teilhabe am Leben in der Gesellschaft beeinträchtigt ist.	„Zu den Menschen mit Behinderungen zählen Menschen, die langfristige körperliche, seelische, geistige oder Sinnesbeeinträchtigungen haben, welche sie in Wechselwirkung mit verschiedenen Barrieren an der vollen, wirksamen und gleichberechtigten Teilhabe an der Gesellschaft hindern können."
Im Vergleich: → Die Teilhabe soll nicht beeinträchtigt werden → Beeinträchtigungen hindern am Leben in der Gesellschaft	Im Vergleich: → Die Teilhabe soll voll, wirksam und gleichberechtigt sein → Beeinträchtigungen hindern in Wechselwirkung mit Barrieren am Leben in der Gesellschaft
Begriff ist begrenzter definiert und zielt auf Integration	Begriff ist offener definiert und zielt auf Inklusion

---

[72] Vgl. BSG v. 13.2.1975 – 3 RK 68/73 (ständige Rechtsprechung).

„Unter dem für „das Lebensalter untypischen Zustand" ist der Verlust oder die Beeinträchtigung von normalerweise vorhandenen körperlichen Funktionen, geistigen Fähigkeiten oder seelischer Gesundheit zu verstehen. Wirkt sich diese Beeinträchtigung in einem oder mehreren Lebensbereichen aus, dann liegt die Behinderung [...] in der Auswirkung der Beeinträchtigung."[73] Nach der Versorgungsmedizin-Verordnung - VersMedV (Teil A ‚2c) sind Gesundheitsstörungen, die nicht regelmäßig und nicht nur im Alter beobachtet werden können, bei der Feststellung des Grades der Behinderung zu beachten, nicht aber physiologische Veränderungen im Alter wie körperliche und psychische Lebenseinschränkungen, die sich im Alter regelhaft entwickeln.

„Ob jemand im Rechtssinne ein behinderter Mensch ist, wird danach nicht mehr nach Art und Schwere einer Erkrankung, sondern dadurch definiert, dass als Folge einer Erkrankung eine Beeinträchtigung seiner Teilhabe am Leben in der Gesellschaft eingetreten ist oder droht. Dieser mit dem SGB IX im deutschen Sozialrecht vollzogene Paradigmenwechsel erfasst nach §26 Abs. 1 Nr.1 SGB IX ausdrücklich auch alle chronischen Krankheiten."[74]

Schwerbehinderung

Als von einer Schwerbehinderung betroffen wird ein Mensch nach §2 Abs. 2 und 3 bezeichnet, wenn bei ihm ein Grad der Behinderung von wenigstens 50 oder - wenn er aufgrund der Behinderung arbeitsunfähig ist – von wenigstens 30 vorliegt.

2.2.1.3 Grad der Behinderung

Grad der Behinderung

Der Grad der Behinderung wird in der VersMedV (Teil A, 2a) als ein Maß für die körperlichen, geistigen, seelischen und sozialen Auswirkungen einer Funktionsbeeinträchtigung aufgrund eines Gesundheitsschadens beschrieben.

Der Umfang der Unterstützungsleistungen hängt von dem Behinderungsgrad der Person ab. Je höher der Grad der Behinderung, desto höher die Einschränkung der Teilhabe am gesellschaftlichen Leben und deshalb werden Betroffenen auch desto mehr Hilfen gewährleistet. Die Einstufung in Grade der Funktionseinschränkung erfolgt nach medizinischen Fachkenntnissen durch einen Gutachter oder Arzt, zugeteilt werden diese in Zehnerschritten von eins bis hundert. Als Behinderung darf

---

[73] Knittel (2011), S.25.
[74] Fuchs (2011), S.403.

nach §69 Abs. 1 S. 6 eine Funktionseinschränkung erst ab Erreichen des Grades 20 festgestellt werden.

Das Vorliegen einer Behinderung und der Grad der Behinderung werden nach §69 Abs.1 auf Antrag des behinderten Menschen durch die für die Durchführung des Bundesversorgungsgesetzes zuständigen Behörden festgestellt.

Nach der VersMedV werden Hirnschäden mit geringer Leistungsbeeinträchtigug ein Grad der Behinderung von 30-40, Hirnschäden mit mittelschwerer Leistungsbeeinträchtigung ein Grad der Behinderung von 50-60 und Hirnschäden mit schwerer Leistungsbeeinträchtigung ein Grad der Behinderung von 70-100 zuerkannt.

Da die Krankheit Demenz durch Hirnschäden verursacht wird und Leistungsbeeinträchtigungen zur Folge hat, wird Betroffenen auch je nach individueller Situations- und Krankheitslage ein Grad der Behinderung zuerkannt.

2.2.1.4 Pflegebedürftigkeit

Pflegebedürftigkeit 2016

Bis zum 31. Dezember 2016 gelten Personen im Sinne des §14 SGB XI als pflegebedürftig, die wegen einer körperlichen, geistigen oder seelischen Krankheit oder Behinderung für die gewöhnlichen und regelmäßig wiederkehrenden Verrichtungen im Ablauf des täglichen Lebens auf Dauer, mindestens für voraussichtlich sechs Monate, in erheblichem oder höherem Maße der Hilfe bedürfen.

Unter Krankheiten oder Behinderungen werden im Abs. 2 Verluste, Lähmungen, Organstörungen, psychische Störungen, Störungen im Gehirn und geistige Behinderungen verstanden.

Als gewöhnliche und regelmäßig wiederkehrende Verrichtungen werden im Abs. 4 bestimmte Tätigkeiten in den Bereichen Körperpflege, Ernährung, Mobilität und hauswirtschaftliche Versorgung festgelegt, so zum Beispiel das Waschen, die Nahrungsaufnahme, das An- und Auskleiden oder das Kochen.

Ob ein erhebliches und höheres Maß an Hilfebedürftigkeit besteht, wird an den Pflegestufen (§15 SGB XI) gemessen.

Mit Hilfe ist nach Abs.3 Unterstützung, teilweise oder vollständige Übernahme von Verrichtungen, Beaufsichtigung oder Anleitung gemeint.

Feststellung der Pflegebedürftigkeit bis Ende 2016

Zur Feststellung der Pflegebedürftigkeit gemäß § 18 SGB XI beauftragt die Pflegekasse nach Beantragung einen Gutachter, das Ausmaß der Pflegebedürftigkeit der betroffenen Person zu prüfen und eine Pflegestufe vorzuschlagen. Die Begutachtung verläuft nach von der Pflegekasse festgelegten und vom Bundesministerium genehmigten Richtlinien.[75] Als erforderliche Qualifikation, um als Gutachter zu arbeiten, setzt der Medizinische Dienst der Krankenkassen (MDK) eine abgeschlossene Ausbildung im Gesundheits- und Kranken- oder Pflegebereich sowie mehrjährige Berufserfahrung voraus.[76] Der Gutachter führt mit dem Betroffenen und je nach Situation mit dessen Angehörigen die Befragung durch und untersucht unter anderem den Krankheitsverlauf, die bisherige Betreuung, den Betreuungsbedarf und die Alltagskompetenz. Die Entscheidung über die Einstufung wird nach §18 Abs. 3 von der Pflegekasse getroffen und dem Versicherten spätestens fünf Wochen nach Antragstellung schriftlich mitgeteilt. In welche Pflegestufe die Pflegeversicherung einen Menschen dann bei Vorlage des ausgefüllten Gutachtenformulars einstuft, entscheidet folglich auch, welche Leistungen diesem zustehen und was die Pflegekasse finanziert.

Pflegebedürftigkeit ab 2017

Ab dem 1. Januar 2017 gelten Personen im Sinne des §14 SGB XI als pflegebedürftig, die wegen gesundheitlich bedingter Beeinträchtigungen der Selbstständigkeit oder der Fähigkeiten auf Dauer, mindestens für voraussichtlich sechs Monate auf menschliche Hilfe angewiesen sind.

Der Tatbestand „gesundheitlich bedingte Beeinträchtigungen der Selbstständigkeit oder der Fähigkeiten" ist nach Abs. 2 §14 bei Vorliegen bestimmter Kriterien erfüllt. Insgesamt 64 Kriterien für solche Beeinträchtigungen sind im Abs. 2 in den im nächsten Abschnitt angeführten sechs Lebensbereichen definiert.

Der Unterschied zwischen dem alten und dem neuen Pflegebedürftigkeitsbegriff ist, dass durch dessen Modernisierung psychisch und kognitiv beeinträchtigte Menschen – und damit auch an Demenz erkrankte Menschen - mehr berücksichtigt werden. Neben kognitiven und psychischen Beeinträchtigungen findet nun die Bewältigung von und der Umgang mit krankheits- und therapiebedingten

---

[75] Heiber (2008), S.41.

[76] http://www.mdk.de/315.htm (letzter Zugriff am 30.07.16)

Belastungen und Anforderungen mehr Beachtung. Der modernisierte Pflegebedürftigkeitsbegriff knüpft im Gegensatz zu dem bisherigen nicht an den Defiziten, sondern den (verbliebenen) Ressourcen und Fähigkeiten des Pflegebedürftigen an.[77] „Der Pflegebedürftigkeitsbegriff und damit auch seine Legaldefinition werden deutlich erweitert. Er bezieht zukünftig unter anderem solche Personen mit ein, deren erheblich eingeschränkte Alltagskompetenz nach §45a in der Fassung bis zum 31. Dezember 2016 in einem gesonderten Verfahren festgestellt wird. Pflegebedürftige sind zukünftig alle Menschen, die aufgrund der Begutachtung mit dem NBA [Neues Begutachtungs-Assessment] einen Pflegegrad erhalten, unabhängig davon, ob der Schwerpunkt ihrer gesundheitlich bedingten Beeinträchtigungen im körperlichen, kognitiven oder psychischen Bereich liegt."[78]

Feststellung der Pflegebedürftigkeit ab 2017

Zur Ermittlung des jeweiligen Pflegegrades orientiert sich der von der Pflegekasse beauftragte Gutachter an den oben genannten sechs Lebensbereichen/ Modulen – jedes Modul umfasst bestimmte Kriterien (insgesamt 64 Kriterien), die zur Feststellung des PGs bepunktet und addiert werden. Hier prüft der Gutachter nach den Vorschriften des neuen Begutachtungsassessments jeweils das Ausmaß der Abhängigkeit von Hilfe in allen pflege-und lebensrelevanten Bereichen. Aufgrund unterschiedlicher Gewichtung müssen die Punktwerte jedes Moduls umgerechnet werden. Durch Summierung der umgerechneten Punktwerte aller Module ergibt sich schließlich der Gesamtpunktwert, der das Ausmaß der Pflegebedürftigkeit bestimmt. Auch Rehabilitations- und Präventionsbedarfe werden vom Gutachter ermittelt.

---

[77] BT-Drs. 18/5926 vom 7.9.2015 zu §14 SGB XI (1.1.2017).
[78] BT-Drs. 18/5926 vom 7.9.2017 zu §14 SGB XI (1.1.2017).

Modul	1	2 + 3	4	5	6
Lebensbereich	Mobilität	Kognitive und kommunikative Fähigkeiten, Verhaltensweisen und psychische Problemlagen	Selbstversorgung	Bewältigung von und selbstständiger Umgang mit krankheits- oder therapiebedingten Anforderungen und Belastungen	Gestaltung des Alltagslebens und sozialer Kontakte
Gewichtung	10%	15%	40%	20%	15%

Pflegebedürftigkeit nach §15 Abs. 2 SGB XI (ab dem 1.1.2017)

Anzumerken ist, dass bei der Demenzerkrankung das Ausmaß der Alltagseinschränkung sich nicht an einem Tag erfassen lässt, da der Zustand der Erkrankten schwankend ist und sich von Tag zu Tag ändern kann.[79] Besonders bei Besuchen/Begutachtungen scheinen Erkrankte sich oftmals besonders zusammenzunehmen, auch stellen viele Angehörige aus Scham bei solchen Besuchen die Situation harmloser dar, als sie sie in Wirklichkeit empfinden, weshalb es gut ist, wenn eine begleitende Fachkraft diese bei der Vorbereitung auf solche Besuche und bei dem Gespräch mit dem Gutachter unterstützt. Dokumentationen des Pflege- und Betreuungsaufwandes sind durchaus notwendig, um dem tatsächlichen Aufwand gerecht zu werden und dem Begutachter diesem zu veranschaulichen.[80]

Die neuen Begutachtungsrichtlinien, die ab 1.1.17 gelten, wurden durch den GKV-Spitzenverband am 15.4. beschlossen und am 12.7.16 veröffentlicht. Die Zustimmung vom Bundesministerium für Gesundheit mit Korrekturangaben erfolgte am 17.6.16.

2.2.1.5 Die Sonderstellung des Krankheitssyndroms „Demenz"

Betrachtet man das Krankheitssyndrom „Demenz" im Vergleich mit den Begrifflichkeiten „Krankheit", „Behinderung" und „Pflegebedürftigkeit", muss es allen dreien Begriffen zugeordnet werden, die Zuordnung zu nur einem der Begriffe allerdings wäre nicht vollständig. Ursache des Syndroms ist eine Gehirnkrankheit, deren Verlauf Behinderung bewirkt und Pflegebedürftigkeit zur Folge hat. Pflegebedürftigkeit setzt ja ohnehin Krankheit oder Behinderung voraus. Zur Differenzierung von Zuständigkeiten und zur Klärung der Finanzierung ist also der Betracht des

---

[79] Heiber (2008), S.86.
[80] Heiber (2008), S.86.

Krankheitssyndroms sowohl anhand des SGB V, des SGB IX und des SGB XI notwendig. Bei finanziellen Fragen bezüglich der Deckung von Kostenlücken muss außerdem das SGB XII hinzugezogen werden.

„Krankheit und Behinderung sind Ursache sowohl der Pflegebedürftigkeit, wie auch der Beeinträchtigung der Teilhabe. Ist bei einem Menschen als Folge von Krankheit oder Behinderung bereits Pflegebedürftigkeit eingetreten, so ist er in der Regel auch in seiner Teilhabe am Leben in der Gesellschaft beeinträchtigt. Pflegebedürftigkeit und Teilhabe-beeinträchtigungen bedingen sich, weil sie auf gemeinsamen Ursachen basieren."[81]

2.2.2 Aktuelle Regelungen für die Versorgung demenziell erkrankter Menschen

2.2.2.1 Grundsätze „Rehabilitation vor Pflege" und „ambulant vor stationär"

Rehabilitation vor Pflege

Nach § 31 Abs. 1 SGB XI ist von den Pflegekassen im Einzelfall zu prüfen, welche Leistungen zur medizinischen Rehabilitation geeignet und zumutbar sind, Pflegebedürftigkeit zu überwinden, zu mindern oder ihre Verschlimmerung zu verhüten. Bei Gewährleistung von Leistungen des SGB XI soll die Möglichkeit der Rehabilitation auch in Nachuntersuchungen geprüft werden.

§31 Abs. 2 SGB XI: „Die Pflegekassen haben bei der Einleitung und Ausführung der Leistungen zur Pflege sowie bei Beratung, Auskunft und Aufklärung mit den Trägern der Rehabilitation eng zusammenzuarbeiten, um Pflegebedürftigkeit zu vermeiden, zu überwinden, zu mindern oder ihre Verschlimmerung zu verhüten."

„[...]„Rehabilitation vor Pflege", d.h. dass Leistungen der Pflegeversicherung erst nach gründlicher Prüfung und Ausschöpfung aller Rehabilitationsmöglichkeiten gewährt werden sollen."[82] „Der rechtliche Vorrang der sozialen Rehabilitation vor der Pflege verpflichtet die Sozialleistungsträger zur Beachtung der Teilhabebedürfnisse Demenzbetroffener. Das ist die zentrale Herausforderung für die Lebensgestaltung von Menschen mit Demenz und die ihrer Angehörigen."[83]

---

[81] Fuchs (2011), S.403.
[82] Ulrich; Kraus (2016), S.439.
[83] Klie (2015), S.174.

Ambulant vor stationär

Nach §3 SGB XI soll die Pflegeversicherung mit ihren Leistungen vorrangig die häusliche Pflege und die Pflegebereitschaft der Angehörigen und Nachbarn unterstützen, damit die Pflegebedürftigen möglichst lange in ihrer häuslichen Umgebung bleiben können. Leistungen der teilstationären Pflege und der Kurzzeitpflege gehen den Leistungen der vollstationären Pflege vor.

In §43 Abs1 SGB XI wird Pflegebedürftigen dann ein Anspruch auf Pflege in vollstationären Einrichtungen zugesprochen, wenn häusliche oder teilstationäre Pflege nicht möglich ist oder wegen der Besonderheit des einzelnen Falles nicht in Betracht kommt.

Auch im SGB XII ist in §13 Abs.1 S.2 der Vorrang ambulanter Leistungen vor teilstationären und stationären Leistungen sowie der Vorrang teilstationärer vor stationären Leistungen gesetzlich gefordert.

Bewertung der Grundsätze aus Sicht der Sozialen Arbeit

Diese Grundsätze aus Sicht Sozialer Arbeit betrachtet, erinnern an eine Definition Sozialer Arbeit von Bommes und Scherr, die Soziale Arbeit als ein eigenes Funktionssystem mit dem Code „Helfen/Nicht-Helfen" verstehen, das zur Aufgabe Inklusionsvermittlung, Exklusionsverwaltung und Exklusionsvermeidung hat. Im Grunde betreiben auch ambulante Pflegedienste Exklusionsvermeidung, weil durch die Pflege zu Hause die Pflegebedürftigen doch in ihrem gewohnten Umfeld leben bleiben können und an bestehenden Systemen halten können. Es ist durchaus das Ziel sozialer Arbeit, Individuen in bereits bestehenden Systemen zu erhalten und bereits vorhandene Ressourcen zu stärken. Des Weiteren orientiert sich die Soziale Arbeit an der Lebenslage des Klienten und arbeitet sozialraum- und ressourcenorientiert. Soziale Arbeit knüpft am „Leuchtfeuer", am Willen des Betroffenen an. An dieser Stelle muss darauf hingewiesen werden, dass gerade deshalb in vielerlei Hinsicht Grundsätze/ Situationen nicht objektiv bewertet werden können. Es wird mit individuell verschiedenen, einzigartigen Personen gearbeitet für die jeweils der beste Lösungsweg eingeschlagen werden soll. Das kann für einen Menschen die Pflege in seinem gewohnten zu Hause sein, die ihm seine Selbstständigkeit bestätigt, während ein anderer die Freizeitangebote in einem Seniorenheim als Möglichkeit zur gesellschaftlichen Teilhabe gerne nutzt und zu Hause in häuslicher Pflege einsam und unzufrieden wäre.

2.2.2.2 Zuständigkeiten für die Leistungsfinanzierung

Präventions- und Rehabilitationsleistungen

Leistungen, die der Krankheitsbehandlung und der Gesundheitsförderung dienen, werden hauptsächlich von den Krankenkassen übernommen – das sind zum Beispiel Vorsorgeuntersuchungen, Beratungsgespräche, aber auch die häusliche Krankenpflege. Außerdem finanzieren die Krankenkassen Leistungen der Krankheitsbehandlung wie Arztbesuche und Medikamente und die in Hilfs- und Heilmittelverzeichnissen enthaltenen Hilfs- und Heilmittel nach §§32,33 SGB V – insofern diese vom Arzt verschrieben wurden. Als Hilfsmittel werden in §33 Abs.1 S.1 SGB V unterstützende Gegenstände für die Alltagsbewältigung wie Greif- oder Gehhilfen bezeichnet, während Therapien und andere Rehabilitationsmaßnahmen sich in den Begriff Heilmittel zusammenfassen lassen.

Da der Eintritt primärer Demenzen unvorhergesehen kommt und der Verlauf nicht aufgehalten, sondern nur verlangsamt werden kann, muss Prävention hier im Sinne von Krankheitsverzögerung verstanden werden und nicht als Krankheitsvorbeugung – und Rehabilitation im Sinne von Milderung der Krankheitsfolgen und nicht von Wiederherstellung der körperlichen und seelischen Funktionen.

Leistungen bei Krankheitseintritt

Ist die Krankheit Demenz eingetreten und Pflegebedürftigkeit festgestellt, übernimmt die Pflegekasse abhängig von der Pflegestufe bzw. ab Januar 2017 abhängig vom Pflegegrad Kosten für Pflege, Betreuung und medizinische Behandlungspflege bis zu festgesetzten Höchstwerten. Es wird also nur eine Grund- oder Teilsicherung geboten; wenn mehr Leistungen beansprucht als finanziert werden, muss der Betroffene oder müssen dessen Angehörige selbst für die Finanzierung derselben aufkommen oder Sozialhilfe beantragen. Die Leistungen des SGB XI soll Versicherten ein menschenwürdiges Leben trotz Pflegebedürftigkeit erleichtern. Für die meisten Belange der demenziell erkrankten Menschen und ihren Angehörigen ist die Pflegeversicherung von grundlegender Bedeutung. Deshalb wird diese folglich näher betrachtet.

Sonstige Leistungen

Reichen die Finanzierung durch die Pflegekasse und die eigenen und familiären finanziellen Möglichkeiten nicht aus, kann zusätzlich von der Sozialhilfe Hilfe zur Pflege nach §61 beantragt werden. Hilfe zur Pflege finanziert das Sozialamt den demenzkranken Menschen, die Hilfe bei den Verrichtungen des täglichen Lebens brauchen, auch wenn sie weniger als sechs Monate der Pflege bedürfen. Der Zuschuss des Sozialamts sorgt für Kostendeckung der für die Pflege notwendigen Kosten (vgl. §61 SGB XII). Wenn alle eigenen und familiären Möglichkeiten nicht ausreichen, den Lebensunterhalt zu finanzieren, kann der demenzkranke Mensch auch Grundsicherung für Bedürftige beim Sozialamt nach den §§ 41und 42 SGB XII beantragen.

Weitere Leistungen erhalten Inhaber eines Schwerbehindertenausweises (siehe §§ 68, 69 SGB XII). Voraussetzung für den Erhalt eines Schwerbehindertenausweises ist eine nachgewiesene Funktionsbeeinträchtigung in allen Lebensbereichen – diese Voraussetzungen sind bei der Krankheit Demenz gegeben (Verweis auf 2.2.1.3 Grad der Behinderung). Spezielle Behinderungsarten, die eine Demenz aufzeigen kann und die mit bestimmten, in der VersMedV beschriebenen Zeichen auf dem Ausweis vermerkt werden, sind Hilflosigkeit, Beeinträchtigung im Straßenverkehr, außergewöhnliche Gehbehinderung und die Notwendigkeit ständiger Begleitung. Die finanzielle Entlastung für Inhaber eines Schwerbehindertenausweises bezieht sich auf Vergünstigungen wie Sonderrechte beim Parken oder steuerliche Erleichterungen; außerdem steht ihnen Zusatzurlaub und ein besonderer Kündigungsschutz zu.

2.2.2.3 Die Pflegeversicherung

Allgemeines zur Pflegeversicherung

„Mit Einführung der Pflegeversicherung im Jahr 1995 konnte eine finanzielle Verbesserung für die Pflegebedürftigen und ihre Familien erreicht werden. Die Pflegeversicherung ist eine umlagenfinanzierte Pflichtversicherung, die über Arbeitnehmer- und Arbeitgeberbeiträge finanziert wird. Das verfügbare Finanzvolumen der Pflegeversicherung wird durch die Festlegung der Beitragssätze begrenzt, die Ausgaben richten sich dementsprechend weitgehend nach den Einnahmen."[84] Bisher wurden Pflegebedürftige auf Grundlage eines Gutachtens des Medizinischen Dienstes der Krankenversicherung in eine von drei Pflegestufen eingestuft; ausschlaggebend für die Einstufung war der tägliche Zeitaufwand für die Grundpflege (= Körperpflege, Ernährung und Mobilität).

---

[84] Leitner (2015), S.33.

Abhängig von der Pflegestufe und der Art der Pflege konnten unterschiedlich hohe Geld- und/ oder Sachleistungen bezogen werden.[85] Generell – ausgenommen der Sachleistung bei häuslicher Pflege in Pflegestufe III – sind die Leistungen bei stationärer Pflege höher als bei häuslicher Pflege. „Bei der häuslichen Pflege kann zwischen Geld- und Sachleistungen oder einer Kombination aus beiden gewählt werden, wobei die Geldleistung am geringsten ausfällt."[86] „Das relativ geringe Leistungsniveau entspricht in gewisser Weise der Gesamtlogik der Pflegeversicherung, die nur ergänzende und entlastende, aber keine bedarfsdeckenden Hilfen zur Verfügung stellt."[87] „Insbesondere in der stationären Pflege liegen die Kosten weit über den gewährten Pauschalen, so dass das eigene Einkommen und Vermögen der Pflegebedürftigen und ihrer Angehörigen zusätzlich zur Kostendeckung eingesetzt werden muss. Bei Bedürftigkeit kann die so genannte „Hilfe zur Pflege" (SGB XII) beantragt werden, die als Sozialhilfeleistung von der Kommune zur Deckung von Pflegekosten gewährt wird."[88]

---

[85] Leitner (2015), S.33.

[86] Leitner (2015), S.34.

[87] Leitner (2015), S.34.

[88] Leitner (2015), S.34-35.

2002: Pflege-Leistungsergänzungsgesetz (PfleG)	Einführung der §45a,b mit zusätzlicher Betreuung im Umfang von bis zu 460 € pro Jahr
2008: Pflege-Weiterentwicklungsgesetz (PfWG)	Erhöhung der Leistungen nach §45b auf monatlich 100/200 €, Recht auf Beratung durch Pflegeberater, Beschleunigung des Einstufungsverfahrens, Finanzielle Veränderungen, Anhebung vieler Leistungen, Änderungen der Vertragsstruktur mit und der Qualitätssicherung in Pflegediensten und Pflegeheimen[90]
2012: Pflegeneuausrichtungsgesetz (PNG)	Eigenständige (erhöhte) Sachleistungsansprüche für Versicherte, die nach § 45a eingestuft sind (zusätzliche Leistungen für Menschen mit eingeschränkter Alltagskompetenz[91] (Förderung der freiwilligen Pflegevorsorge, durch die allerdings die Kostenlücke auch nicht gedeckt werden kann[92]
2015: Pflegestärkungsgesetz I (PSG I)	Zwischenschritt auf dem Weg zum neuen Pflegebedürftigkeitsbegriff, der für die Betreuung (vor allem demenziell erkrankter Menschen) ausgeweitet werden soll

Leistungsausbau zwischen 2002 und 2015[89]

Bei Betracht aller dieser Neuerungen lässt sich die Absicht des Gesetzgebers erkennen, vom somatisch orientierten Leistungsbegriff sich stärker am Betreuungsbedarf zu orientieren. Die Problematik: Es wurden Änderungen in Richtung Betreuung vorgenommen, aber keine Änderungen am Einstufungsverfahren. Dies führte zu Abgrenzungsproblemen und Leistungskonflikten.[90] Es wurde also eine völlige Überarbeitung des Einstufungsverfahrens notwendig. Hierfür wurde ein neues Begutachtungssystem eingeführt (Neues Begutachtung-Assessment = NBA). Eine Überarbeitung der Finanzierungsregelungen der Leistungen wurde nötig. Das neue Gesetz (PSG II) tritt ab dem 1.Januar 2017 in Kraft; allerdings sind zur Umstellung Übergangsregelungen notwendig.

---

[89] Heiber (20149, S7.
[90] Heiber (2014), S.7.

2.2.2.4 Die Pflegereform

Begründung der Notwendigkeit einer Pflegereform

„Der Begriff der Pflegebedürftigkeit und das damit verbundene Begutachtungsinstrument wurden schon bei Einführung der Pflegeversicherung umfassend diskutiert. Kritisiert wurde, dass der Pflegebedürftigkeitsbegriff zu eng auf Alltagsverrichtungen, die häufiger bei vorrangig körperlich beeinträchtigten Menschen vorkommen, abstellt und damit kognitive oder psychische Beeinträchtigung nicht hinreichend erfasst werden. Dies führte in der Praxis dazu, dass psychisch und kognitiv beeinträchtigte Menschen einschließlich der wachsenden Zahl an Demenz erkrankter Menschen im Vergleich zu vorrangig körperlich beeinträchtigten Pflegebedürftigen durchschnittlich niedrigere Pflegestufen erreichten. Trotz der Einführung und des oben aufgezeigten zwischen 2002 und 2015 schrittweisen Ausbaus von zusätzlichen Leistungen für Personen mit erheblich eingeschränkter Alltagskompetenz in der Pflegeversicherung haben diese nach wie vor durchschnittlich geringere Leistungsansprüche als Pflegebedürftige mit einer vorrangig körperlichen Beeinträchtigung. Der Pflegebedürftigkeitsbegriff wurde zudem als zu stark defizitorientiert und nicht hinreichend fachlich fundiert angesehen."[91]

„Allerdings, auch das ist ein Unterschied zu den bisherigen Reformschritten, sind zwar die maßgeblichen Änderungen alle im PSG 2 schon definiert und ausformuliert, aber erstmals bleibt noch ein Jahr Zeit zur konkreten Umsetzung. Diese Zeit ist auch notwendig, wenn man ein völlig neues System der Einstufung und damit verbunden auch der Leistungsstrukturen einführt. [...] Mit den Maßnahmen des Ersten und Zweiten Pflegestärkungsgesetzes wird die Pflegeversicherung insgesamt gerechter."[92]

---

[91] BT-Drs. 18/5926 vom 7.9.2015 zu §14 SGB XI (1.1.2017).
[92] Heiber (2016), S.1.

Das Pflegestärkungsgesetz II 2016/17

„Das Pflegestärkungsgesetz 2 (PSG 2) ist das Reformgesetz, das die Pflegeversicherung grundlegend verändert: Alle bisherigen Gesetzesänderungen (und davon gab es eine ganze Menge seit 1994) haben nur das vorhandene System modifiziert oder erweitert. Mit dem PSG 2 wird die Pflegeversicherung auf eine neue Grundlage gestellt, denn die zentrale Stelle, das Einstufungssystem, wird völlig neu definiert und geregelt."[93]

2.2.2.5 Überleitung Pflegestufen – Pflegegrade

Pflegestufen

Bisher wurde die Finanzierung verschiedener Hilfsangebote durch die Einteilung der hilfebedürftigen Personen in Pflegestufen geregelt. Grundsätzlich galt: Je größer das Ausmaß der Pflegebedürftigkeit, desto größer der Anspruch auf finanzielle Unterstützung durch die Pflegekasse

Pflegestufe	0	1	2	3	3+
Pflegebedürftigkeit	Eingeschränkte Alltagskompetenz	Erhebliche	Schwere	Schwerste	Härtefall
Täglicher Zeitaufwand in der Grundpflege und der hauswirtschaftlichen Unterstützung	Weniger als 45 Minuten	Mind. 90 Minuten	Mind. 3 Stunden	Mind. 5 Stunden	Mind. 6 Stunden auch nachts

Unter Grundpflege wird hier Körperpflege, Ernährung und Mobilität verstanden.

Pflegegrade

Die Einteilung in fünf Pflegegrade orientiert sich nicht mehr nur an dem Ausmaß der Pflegebedürftigkeit. Es gilt: Je größer die Beeinträchtigung der Selbstständigkeit oder der Fähigkeiten, desto größer der Anspruch auf finanzielle Unterstützung durch die Pflegekasse.

---

[93] Heiber (2016), S.11.

PG	Kein	1	2	3	4	5
Beeinträchtigung der Selbstständigkeit oder der Fähigkeiten		Geringe	Erhebliche	Schwere	Schwerste	Schwerste mit besonderen Anforderungen an die pflegerische Versorgung
Punkte	Unter 12,5	12,5 - unter 27	27 - unter 47,5	47,5 - unter 70	70 – unter 90	90-100

Fünf Pflegegrade nach §15 Abs.3 SGB XI (gültig ab 1.1.2017)

Übergangsregelung

Während der Umstellung gelten (für Menschen mit Demenz) folgende Regelungen:

- Niemand soll durch die Einführung des neuen Pflegebedürftigkeitsbegriffes schlechter gestellt werden (siehe Regelungen im §140)

- Niemand, der bereits Leistungen bezieht, soll einen neuen Antrag auf Begutachtung stellen müssen (siehe Regelungen im §18)

- Menschen mit körperlichen Einschränkungen werden automatisch in den im Vergleich zur bisherigen Pflegestufe nächst höheren Pflegegrad eingestuft (Siehe Regelungen im §140)

- Menschen mit geistigen oder psychischen Einschränkungen werden automatisch in den übernächsten Pflegegrad überführt (siehe Regelungen im §140)

- Im Zuge der Überleitung erfolgt keine Überleitung in Pflegegrad 1

Bis 31.12.2016	Ab 1.1.2017	
	Ohne eingeschränkte Alltagskompetenz	Mit eingeschränkter Alltagskompetenz
Pflegestufe 0	-	Pflegegrad 2
Pflegestufe I	Pflegegrad 2	Pflegegrad 3
Pflegestufe II	Pflegegrad 3	Pflegegrad 4
Pflegestufe III	Pflegegrad 4	Pflegegrad 5
Pflegestufe III - Härtefall	Pflegegrad 5	Pflegegrad 5

Überleitung Pflegestufe – Pflegegrade nach §140 SGB XI [94]

2.2.2.6 Leistungen der Pflegekasse

Ambulante Pflegeleistungen

- Pflegegeld nach §37 SGB XI

Bei Durchführung der häuslichen Pflege von privat organisierten Hilfskräften wie Angehörigen, Nachbarn oder Bekannten können Pflegebedürftige Pflegegeld beantragen.

- Pflegesachleistungen nach §36 SGB XI

Bei häuslicher Pflege durch einen ambulanten Pflegedienst oder anderen, von der Pflegekasse angestellten Pflegepersonen haben Pflegebedürftige Anspruch auf Pflege- und pflegerische Betreuungsmaßnahmen als Sachleistung.

- Kombinationsleistungen nach §38 SGB XI

Wird der Höchstsatz für die Pflegesachleistung nicht vollständig ausgeschöpft, kann anteiliges Pflegegeld – um den für Pflegesachleistungen in Anspruch genommenen Prozentsatz verringert – eingefordert werden.

- Verhinderungspflege nach §39 SGB XI

Ist die Pflegeperson krank oder im Erholungsurlaub, wird von der Pflegekasse bis zu dem festgesetzten Höchstwert die häusliche Pflege durch eine Ersatz-Pflegeperson finanziert. Die Pflegeversicherung zahlt nur einen Zuschuss über den Betrag des Pflegegeldes hinaus, wenn die Pflegeperson nicht bis zum zweiten Grad mit der

---

[94] Tabelle übernommen aus Walhalla (2016), S.25.

zu pflegenden Person verwandt oder verschwägert ist oder mit ihr in häuslicher Gemeinschaft lebt.

- Pflegehilfsmittel und technische Hilfen nach §40 SGB XI

Die Pflegekasse trägt außerdem zur Finanzierung von Wohnumfeld-verbessernden Maßnahmen bei und erstattet Kosten für verbrauchte Pflegehilfsmittel wie Einmalhandschuhe oder Windeln und – bei einer geringen Zuzahlung – für die leihweise Beschaffung und Anpassung technischer Hilfsmittel wie Pflegebetten oder Rollatoren.[95]

Sofern nicht aufgrund von Krankheit oder Behinderung Hilfsmittel von anderen Leistungsträgern (z.B. KK) zu leisten sind, haben Pflegebedürftige Anspruch auf Versorgung mit Pflegehilfsmitteln, die zur Erleichterung der Pflege, zur Linderung der Beschwerden oder zu einer selbstständigeren Lebensführung beitragen (Abs. 1). Die monatlichen Aufwendungen betragen maximal 40€ (Abs. 2).

Stationäre Pflegeleistungen

- Tages- oder Nachtpflege nach §41 SGB XI

Wenn häusliche Pflege nur zeitlich begrenzt ermöglicht werden kann, kann die pflegebedürftige Person einen oder mehrere Tage bzw. eine oder mehrere Nächte pro Woche in einer stationären Einrichtung verbringen.

Diese Leistungen sind kombinierbar mit den Pflegegeld- und den Pflegesachleistungen.

- Kurzzeitpflege nach § 42 SGB XI

Vorübergehend während eines bestimmten Zeitraums Unterbringung in einer stationären Einrichtung für die Übergangszeit nach stationärer Behandlung oder sonstigen Krisensituationen (z.B. Krankheit der Pflegeperson), in denen vorübergehend häusliche oder teilstationäre Pflege nicht möglich/nicht ausreichend ist; die Pflegekasse übernimmt Leistungsbeträge für Aufwendungen der Pflege, Betreuung und medizinischer Behandlung bis zu vier Wochen im Jahr bis zu dem Höchstbetrag; hälftiges Pflegegeld wird in diesem Zeitraum weitergezahlt; Möglich: Aufstockung um die Mittel der Verhinderungspflege.

---

[95] Heiber (2008), S.155-156.

- Vollstationäre Pflege

Pflegekasse übernimmt bis zu dem festgesetzten Höchstwert Leistungsbeträge für Aufwendungen der Pflege, Betreuung und medizinischer Behandlung.

Bis 31. Dezember 2016: Zusätzliche Betreuungs- und Entlastungsleistungen

Wenn Personen aufgrund erheblich eingeschränkter Alltagskompetenzen einen erheblichen Bedarf an allgemeiner Beaufsichtigung und Anleitung aufweisen, werden ihnen durch die Regelungen des §45b SGB XI zusätzliche Betreuungsleistungen finanziert, durch welche die Pflegepersonen entlastet werden sollen. Diese können für Tages- und Nachtpflege, Kurzzeitpflege, niedrigschwellige Betreuungsangebote und Betreuungsangebote durch Pflegedienste verwendet werden. Leistungen der zusätzlichen Betreuung und Aktivierung stehen nach §43b ab dem 1. Januar 2017 auch Pflegebedürftigen in stationären Einrichtungen zu.

Ab 1.Januar 2017: Entlastungsbetrag

Ab 2017 gilt nicht mehr die Regel der zusätzlichen Betreuungsleistungen, da durch die Reform des Pflegebedürftigkeitsbegriffes die Leistungen der Pflegeversicherung auch auf Personen mit erhöhtem Betreuungsbedarf individueller zugeschnitten sind. Ab dem Jahr 2017 haben Pflegebedürftige in häuslicher Pflege nach § 45b aber Anspruch auf einen Entlastungsbetrag, der für Leistungen zur Entlastung pflegender Angehöriger und vergleichbarer nahestehender Personen einzusetzen ist. Er dient zur Erstattung von Aufwendungen, die dem Versicherten im Zusammenhang mit der Inanspruchnahme ambulanter und teilstationärer Pflegeangebote entstehen.

Niedrigschwellige Betreuungsleistungen

Vor allem zur stundenweisen Entlastung und Beratung pflegender Angehöriger und von Pflegekräften werden von der Pflegeversicherung niedrigschwellige Betreuungsangebote nach gefördert. Von Fachkräften geschulte ehrenamtliche Helfer bieten Betreuung von Personen mit erheblichem allgemeinen Betreuungs- und Beaufsichtigungsbedarf an. Es handelt sich um Betreuungsgruppen für demenzkranke Menschen, Helferkreise, Pflegekurs, Tagesbetreuung in Kleingruppen oder Einzelbetreuung (vgl. § 45c Abs. 3 S.1-2,4-5 SGB XI).

Unterschiede 2016/2017

Das PSG I diente vor allem zur Verbesserung in den Leistungen, z.B. durch die Möglichkeit der besseren Kombination der Tages- und Nachtpflege sowie der Kurzzeit- und Verhinderungspflege. Die Leistungsbeträge der Pflegegrade wurden orientiert an denen der Pflegestufen

Leistung	Pflegestufe in Euro				
	PS 0	PS 1	PS 2	PS 3	PS 3+
Geldleistung ambulant (Pflegegeld)	123	316	545	728	728
Sachleistung ambulant (häusliche Pflegehilfe/Teilstationäre Pflege)	231	689	1.298	1.612	1.995
Leistungsbetrag vollstationär	0	1.064	1.330	1.612	1.612

Hauptleistungsbeträge bis 31. Dezember 2016 (Höchstleistungsgesamtwert)

Leistung	Pflegegrad in Euro				
	PG 1	PG 2	PG 3	PG 4	PG 5
Geldleistung ambulant (Pflegegeld)	125*	316	545	728	901
Sachleistung ambulant (häusliche Pflegehilfe/Teilstationäre Pflege)		689	1298	1612	1995
Leistungsbetrag vollstationär	125	770	1262	1775	2005
Bundesdurchschnittlicher pflegebedingter Eigenanteil (einheitlich für PG 2 bis PG 5) **		580	580	580	580

*keine Geldleistung sondern zweckgebundene Kostenerstattung

**zusätzlich Einrichtungsspezifischer Eigenanteile für Unterkunft und Verpflegung sowie für Investitionskosten, Hochrechnung BMG

Hauptleistungsbeträge ab 1. Januar 2017 [96] (Höchstleistungsgesamtwert)

2.2.2.7 Rechtliche Betreuung als fürsorgliche Tätigkeit

„Für Menschen, die krankheitsbedingt ihre finanziellen, gesundheitlichen oder anderen Angelegenheiten nicht mehr völlig oder nur teilweise eigenverantwortlich regeln können, wird durch das Betreuungsgericht ein gesetzlicher Vertreter, ein so genannter Betreuer bestellt."[97] Darüber müssen auch die Angehörigen demenziell

---

[96] Walhalla (2016), S. 28.
[97] Ortseifen (2011), S.472.

erkrankter Menschen Bescheid wissen. Wenn die pflegebedürftigen Personen nämlich rechtzeitig, am besten im gesunden Zustand mithilfe von Betreuungsverfügungen und Vorsorgevollmachten nahestehende Personen benennen, die als Bevollmächtigte im Pflegefall für sie Entscheidungen treffen sollen, beugen sie dem vor, dass bei Krankheitseintritt Gesetzliche Betreuung gegen ihren Willen in Kraft tritt. „Im Vorfeld der Beantragung einer gesetzlichen Betreuung muss abgeklärt werden, ob eine „allgemeine Vollmacht" oder eine „Vorsorgevollmacht" existiert, so dass die Angelegenheiten durch Bevollmächtigte sofort übernommen und erledigt werden können."[98] So ist nach §1896 Abs. 2 BGB eine Betreuung nicht erforderlich, soweit die Angelegenheiten des Volljährigen durch einen Bevollmächtigten ebenso gut wie durch einen Betreuer besorgt werden können." Die rechtlichen Voraussetzungen für die Anordnung einer gesetzlichen Betreuung sind im §1896 Abs. 1 BGB geregelt. Zur Einrichtung einer Betreuung muss Betreuungsbedarf vorliegen. Da gerade die Krankheit Demenz einen hohen Betreuungsbedarf bewirkt, ist es wichtig, Betroffene von dieser Gesetzesregelung erfahren zu lassen und diese über ihre Möglichkeiten der Vorsorge zu informieren.

2.3 Beratung als Handlungsfeld der Sozialen Arbeit

2.3.1 Die Beratung pflegender Angehöriger

2.3.1.1 Die Beratungsfunktion als gesetzliche Grundlage

Anspruch auf Pflegeberatung

„Ein allgemein formuliertes Recht auf Beratung und Information besteht nach den §§1 ff. SGB I, den jeweiligen Sozialgesetzbüchern sowie auf Landesebene im Sinne der kommunalen Daseinsvorsorge. Dies gilt insbesondere auch für die Altenhilfe."[99]

Nach § 71 Abs.2 SGB XII haben alte Menschen Anspruch auf Beratung und Unterstützung in allen Fragen der Inanspruchnahme altersgerechter Dienste, der Aufnahme in Betreuungseinrichtungen und bei der Beschaffung eines geeigneten Heimplatzes.

---

[98] Ortseifen (2011), S.474.
[99] Schulz, Kunisch (2011), S. 304.

Der Begriff „alter Mensch" wird an dieser Stelle nicht vom Gesetzgeber definiert. „Hierunter werden meist Personen mit körperlichen, geistigen oder seelischen Beschwerden verstanden, die aufgrund ihres Alters Anpassungsschwierigkeiten haben. Alter ist also nicht nur ein biologisches, sondern auch ein gesellschaftliches Faktum."[100]

Nach § 7a SGB XI haben pflegebedürftige Personen Anspruch auf individuelle Beratung und Hilfestellung bei der Auswahl und Inanspruchnahme von Unterstützungsangeboten. Pflegekassen haben Anspruchsberechtigten zuständige Pflegeberater oder sonstige Beratungsstellen zu benennen. „Diese Pflegeberater fungieren als Case-Manager und werden im Sinne eines individuellen Fallmanagements tätig. Sie beurteilen den persönlichen Bedarf und die Situation der einzelnen Pflegebedürftigen."[101]

„Um der Verbraucherkompetenz der Nutzer zu entsprechen, muss eine ideale Anlaufstelle [...] neutral, verlässlich und trägerunabhängig sein. Nur so können die komplexen Aufgaben der Beratung, Koordination und Vernetzung im Sinne der Nutzer erbracht werden."[102] Schulz und Kunisch verweisen an dieser Stelle auf die in §92 c SGB XI vorgeschlagenen Pflegestützpunkte (siehe 2.3.2.4.).

Aufgaben der Pflegeberatung nach § 7a

1. Systematisches Erfassen und Analysieren des Hilfebedarfes (unter Berücksichtigung der Begutachtungsergebnisse + Ergebnisse der Beratung in der eigenen Häuslichkeit nach § 37 Abs. 3)

2. Erstellen eines individuellen Versorgungsplans (mit individuell erforderlichen Sozialleistungen, gesundheitsfördernden, präventiven, kurativen, rehabilitativen, medizinischen, pflegerischen, sozialen Hilfen)

3. Hinwirkung auf die für die Durchführung des Versorgungsplans erforderlichen Maßnahmen und Genehmigung durch jeweiligen Leistungsträger

4. Überwachung der Durchführung des Versorgungsplans + Anpassung des Plans an veränderte Bedarfslagen

---

[100] Münder et al. (2008), S. 529
[101] Falk (2009), S.183.
[102] Schulz/ Kunisch (2011), S.304.

5. Bei besonders komplexen Fallgestaltungen Auswertung und Dokumentation des Hilfeprozesses

6. Information über Leistungen zur Entlastung der Pflegepersonen

Richtlinien für die Pflegeberatung

Zur einheitlichen Durchführung der Pflegeberatung erstellte der Spitzenverband Bund der Pflegekassen nach § 17 Abs. 1 Richtlinien, die verbindlich für Pflegeberater der Pflegekassen, Beratungsstellen und Pflegestützpunkte sind. Diese „Pflegeberatungsrichtlinien" gelten auch als einheitliche Maßgabe für die Erstellung und Umsetzung von Versorgungsplänen. Sie sollen den Zugang zu Leistungen der Sozialversicherung verbessern, das Selbstbestimmungsrecht des Pflegebedürftigen stärken sowie die Verbraucher- und Dienstleistungsorientierung der Pflegeberatung für die Ratsuchenden sicherstellen.[103] „Zugleich soll die Zweckmäßigkeit und Wirtschaftlichkeit der Durchführung der Beratungtätigkeiten [...] durch eine abgestimmte Vorgehensweise und Organisation der Abläufe [...] gewährleistet werden."[104]

2.3.1.2 Die Situation pflegender Angehöriger

Konfliktsituationen/ Lebenslage

Die Erkrankung eines Familienmitglieds an Demenz bedeutet für Angehörige oft eine gravierende Lebensveränderung.[105] „Pflegende Angehörige sowie ganze Familiensysteme sind gezwungen, ihr Leben vollkommen auf diese neue Lebenssituation einzustellen. So müssen sie im Alltag sowohl direkte pflegerische Hilfestellung als auch soziale Begleitung und Beaufsichtigung organisieren sowie Trost, Ermutigung und intensive Zuwendung geben."[106] Pflege kostet Kraft und Zeit, oft so viel, dass Menschen an ihre körperlichen und seelischen Grenzen kommen.[107] „Sie müssen ihre bisherigen Rollen zum Teil aufgeben und in andere hineinwachsen. Diese neuen Rollen sind die der Unterstützenden, Betreuenden und Pflegenden."[108] „Der intensive Zeit- und Kraftaufwand kann dazu führen, dass sie ihre eigenen

---

[103] BT-Drs. 18/5926 vom 11.9.2015 zu § 17.

[104] BT-Drs. 18/5926 vom 11.9.2015 zu § 17.

[105] Falk (2009), S.153.

[106] Neumann (2011), S.324.

[107] Falk (2009), S.153.

[108] Falk (2009), S.153.

Interessen vernachlässigen und sich von ihrem sozialen Umfeld isolieren."[109] Die Entscheidung, die Berufstätigkeit aufzugeben, um sich der Betreuung ganz zu widmen, birgt das Risiko finanzieller Schwierigkeiten und des Verlustes sozialer Kontakte. Die ständige Sorge um einen allein lebenden Erkrankten bewirkt Rastlosigkeit. Kommunikationsschwierigkeiten rufen Einsamkeit, Unverständnis und Isolation hervor. Auch die Angst, selbst zu erkranken, die Resignation bei Hoffnungslosigkeit und die emotionale Enttäuschung bei Undankbarkeit oder Aggressivität des kranken Menschen der Pflegeperson gegenüber wirken auf den Grad der Belastung ein.[110]

Oft halten Pflegende diese extremen psychischen, sozialen und körperlichen Belastungen über Jahre hinweg aus, ohne informiert und beraten werden zu wollen, „obwohl sie häufig mit extremen Veränderungen bei den betroffenen Demenzerkrankten durch ständige Unruhe, stundenlangem Auf- und Abgehen, aggressiven Ausbrüchen, Verwechslung von Tag und Nacht sowie Harn- und Stuhlinkontinenz permanent konfrontiert werden und oft damit nicht mehr umgehen können."[111] Motive dafür sind nach Neumann, dass Angehörige demenziell erkrankter Menschen niemand anderem die Sorge um den Erkrankten, dessen Hilflosigkeit und verändertes Verhalten zumuten möchten und dass sie sich aufgrund der starken Abhängigkeit des dementen Menschen von der Bezugsperson oft nicht vorstellen können, dass fremde Hilfe möglich ist und vom Gepflegten akzeptiert wird.[112] „Kommen in dieser Situation erschwerende Faktoren wie mangelndes Verständnis und Unterstützung durch die Familie, finanzielle Schwierigkeiten oder eine akute Erkrankung des Demenzerkrankten bzw. [...] des Pflegenden hinzu, führt dies oft zu einem Zusammenbruch der häuslichen Versorgung oder weiteren Krisensituationen."[113]

Problematisch ist, dass pflegende Angehörige oft unzulänglich über die Krankheit, die Krankheitsfolgen, den Umgang damit, über Behandlungsmöglichkeiten, Betreuungsangebote und gesetzliche Leistungsansprüche informiert sind.[114]

---

[109] Falk (2009), S.153.

[110] Falk (2009) S.154-155.

[111] Neumann (2011), S.324.

[112] Neumann (2011), S.324-325.

[113] Neumann (2011), S.325.

[114] Neumann (2011), S.325.

Erleichterung der Situation

Es erleichtert die Situation pflegender Angehöriger, wenn sie über die Krankheit und den Verlauf Bescheid wissen, wenn sie die Symptome kennen und einordnen können, wenn sie wissen, wie sie sich in bestimmten Situationen verhalten können und wenn sie Möglichkeiten der Wohnraumveränderung, Sicherheitsmaßnahmen für Notfälle, sowie professionelle Hilfsangebote kennen und sich verstanden fühlen.[115]

„Soziale Arbeit für Menschen mit Demenz hat deshalb u.a. auch das Ziel, durch Information, Beratung und Aufzeigen von Lösungswegen Erkrankte und Angehörige bei ihrer Aufgabe zu unterstützen, die Krankheit zu verstehen, anzunehmen und einen angemessenen Umgang mit ihr zu erlernen.“[116]

Notwendigkeit der Beratung

„Professionelle Beratung hilft den Angehörigen, mit dem Krankheitsbild und den damit einhergehenden Veränderungen und ungewohnten Verhaltensweisen des Demenzkranken zurechtzukommen. [...] Informationen über gesetzliche Leistungen, über Kosten und finanzielle Unterstützungsmöglichkeiten verschaffen Angehörigen zudem Sicherheit in Bezug auf die materiellen Belastungen, die auf sie zukommen.“[117] „Um die Finanzierung der Hilfen zu sichern, sollten Betroffene wissen, welche Ansprüche sie an die Leistungsträger haben und wie diese durchzusetzen sind. Häufig sind ältere Menschen und ihre Angehörigen mit der Vielfalt und fehlenden Transparenz der Angebote überfordert. Um die Lebensqualität von Menschen mit Hilfe- und Unterstützungsbedarf erhalten oder wiedererlangen zu können, benötigen sie Beratung, Information und Unterstützung bei der Auswahl, Organisation, Finanzierung und Koordination bedarfsgerechter Hilfen. Das bedingt einen steigenden Bedarf an Beratung zu Themen wie Pflege, Betreuung und Wohnen im Alter. Vor diesem Hintergrund sind entsprechende Beratungs- und Unterstützungsstrukturen unerlässlich.“[118] „Die gezielte Organisation und Koordination von Pflege- und Unterstützungsleistungen für pflegebedürftige/ behinderte Menschen kann dazu beitragen, die häusliche Pflegesituation bedarfsgerecht zu gestalten. Aus der Vielfalt vorhandener Angebote kann das passgenaue Unterstützungs-

---

[115] Falk (2009), S.156.
[116] Neumann (2011), S.326.
[117] Falk (2009), S.153.
[118] Schulz; Kunisch (2011), S.301.

setting gemeinsam mit dem Betroffenen und dessen Netzwerk ausgewählt und koordiniert werden. Es ist das Ziel einer solch umfassenden Altenarbeit, die bestmöglichste Leistung zum richtigen Zeitpunkt durch passende Leistungserbringer zu bündeln. Eine solche Struktur entspricht dem Ansatz einer umfassenden Gesundheitsförderung, Prävention und Rehabilitation im Sinne von Empowerment sowie dem professionellem Selbstverständnis von Case Management."[119]

2.3.1.3 Das Beratungsgespräch

„Die Beratung sollte aus einer multiprofessionellen und institutionsübergreifenden Sichtweise erfolgen. [...] Das der multiprofessionellen, institutionsübergreifenden Sichtweise zugrunde liegende Konzept ist das Care- und Case-Management. Pflegeberater nehmen diese Aufgabe wahr. Sie koordinieren die medizinische, pflegerische und soziale Versorgung. Dabei steht der einzelne Mensch und seine individuelle Problemlage im Mittelpunkt. Entsprechend seiner individuellen Anforderungen wird das Leistungsangebot zusammengestellt."[120]

Inhalte der Beratung

„Die Beratung muss einfühlsam und schrittweise erfolgen und mit Voranschreiten der Erkrankung wiederholt und aktualisiert werden. Sie sollte unter anderem auf folgende Punkte eingehen:

- Wesen, Verlauf und medikamentöse Behandlungsmöglichkeiten [...]
- Ursachen von Defiziten, Verhaltensauffälligkeiten und psychischen Begleitsymptomen im Alltag
- adäquaten Umgang mit den Kranken und mit psychischen und psychiatrischen Begleitsymptomen
- Anpassung der häuslichen Umgebung (z.B. Beseitigung von Gefahrenquellen wie Herd, Gas, Kerzen, Haushaltschemikalien; Beschriftung von Türen und Schubladen)

---

[119] Schulz; Kunisch (2011), S.304.
[120] Falk (2009), S. 153-154.

- soziale, finanzielle und rechtliche Unterstützungsmöglichkeiten
- seelische Verarbeitung und Bewältigung der Situation durch die Betroffenen, Wahrnehmung der eigenen Belastung, Angehörigengruppen
- sinnvolle und nicht empfehlenswerte Therapien im Endstadium"[121]

„Ohne eine Einbeziehung der Angehörigen ist die Behandlung eines Patienten mit [Demenzerkrankung] unvollständig. Die Vermittlung von Informationen, der Kontakt zur Alzheimer-Gesellschaft und zu lokalen Beratungsstellen und die Verteilung der Lasten auf mehrere Schultern begünstigen eine längerfristige häusliche Pflege wesentlich."[122]

2.3.2 Das Konzept des Care- und Case-Managements

2.3.2.1 Konzeptionelle Grundlagen

Care-Management

„Care-Management ist Versorgungsmanagement. Care-Management hat den Zweck, ein möglichst abgestimmtes, koordiniertes und vielseitig multidisziplinäres Vorgehen zwischen den Pflege-, Gesundheits- und Sozialdiensten sowie den Betroffenen und deren Angehörigen zu ermöglichen. Darin einbezogen sind die formellen und informellen Hilfesysteme, wie die ambulanten Dienste, die Angehörigen und Nachbarn, die stationäre Altenpflege, hauswirtschaftliche Dienste, Betreutes Wohnen, Wohngruppen und Hausgemeinschaften, Rehabilitationseinrichtungen, Krankenhäuser, gerontopsychiatrische Einrichtungen, Kranken- und Pflegekassen, Behörden usw."[123]

„Die neu etablierten Pflegestützpunkte sind Einrichtungen des so genannten Care-Managements. In einem Pflegestützpunkt wird die Beratung und die Vernetzung aller pflegerischen, medizinischen und sozialen Leistungen unter einem Dach gebündelt. Alle Angebote rund um die Pflege werden erfasst, zum Beispiel die örtliche Altenhilfe und die Hilfe zur Pflege nach dem Sozialhilferecht. Auch ehrenamtlich Tätige sollen in die Arbeit der Pflegestützpunkte einbezogen werden."[124]

---

[121] Wallesch; Förstl 2012, S.225.

[122] Wallesch; Förstl 2012, S.225.

[123] Falk (2009), S.183.

[124] Falk (2009), S.183.

Case-Management

„Case Management ist Unterstützungsmanagement. Aufgabe ist es, die formellen sozialen und medizinisch-pflegerischen Dienstleistungen und informellen Hilfen gemeinsam mit dem Pflegebedürftigen und seinen Angehörigen so zu koordinieren, dass sie flexibel, umfassend und aktuell auf seine individuellen Anforderungen abgestimmt sind. Aufgabe ist es darüber hinaus, die Kostenstruktur für die unterschiedlichen Dienstleistungen, die aufgrund ihrer institutionellen Verankerung stark verzweigt sind, zu erfassen."[125] „Das Case Management bietet konzeptionelle und methodische Verbesserungen, die die Schwachstellen und Mängel in den bisherigen Versorgungsansätzen beseitigen will. Es bezieht sich auf den einzelnen Menschen und seine individuelle Problemlage. Entsprechend seiner Anforderungen wird das Dienstleistungsangebot zusammengestellt. Aufgrund dieses abgestimmten Versorgungsangebotes ist es möglich, trotz Beeinträchtigung und Hilfebedarf in der häuslichen Umgebung weiter zu leben."[126]

2.3.2.2 Die Aufgaben im Case Management

„Im Einzelnen hat der Case-Manager folgende Aufgaben:

- er stellt eine Markübersicht her über die jeweils vorhandenen Angebote im Gesundheits-, Pflege-, und Sozialbereich
- er informiert uns berät Klienten in schwierigen Problemlagen
- er reagiert individuell und flexibel auf die unterschiedlichen Bedarfssituationen unter Berücksichtigung der lebensweltlichen Bezüge
- er koordiniert die notwendigen Hilfen und sichert deren Finanzierung. [...]
- er trägt zur Vernetzung und Abstimmung der Leistungs- und Hilfsangebote innerhalb einer bestimmten Region bei."[127]

Zur Koordinierung von Hilfen und zur Sicherung von Finanzierung gehören nach Falk die Koordination und Organisation therapeutischer und rehabilitativer Maßnahmen, die Vermittlung pflegerischer und hauswirtschaftlicher Versorgung, der Kontaktaufbau mit Ärzten und die Koordination derer Leistungen, die Unterstützung bei Maßnahmen der Wohnraumanpassung, die Vermittlung sonstiger

---

[125] Falk (2009), S. 183.
[126] Falk (2009), S. 183.
[127] Falk (2009), S. 184-185.

Hilfsdienste wie z.B. Begleitdienste und „Essen auf Rädern" und die Anregung zur Teilnahme an Selbsthilfegruppen und Freizeitangeboten.[128]

2.3.2.3 Vorgehen/ Arbeitsweise

Orientierungen

Es gibt zwei Orientierungen im Case Management, „facilitating" und „enabling".

„facilitating"	„enabling"
Unterstützung zur Erleichterung für die selbstständige Lebensführung z.B. bei der Notwendigkeit, Erleichterungen im örtlich eingeschränkten Versorgungsspektrum zu bewirken z.B. Lebensmittelgeschäfte dafür gewinnen, in begrenztem Umfang Hauslieferungen vorzunehmen	Organisation von Lernprozessen für Betroffene und deren Umfeld und dabei Eröffnung neuer Zugänge zur Situation und Erschließung von Kompetenzen bewirken, so dass sie sich für Unterstützungsangebote öffnen

Orientierungen im Case Management[129]

Vorgehen

„Beratungsstellen für Menschen mit Demenz und ihren Angehörigen arbeiten methodisch trägerübergreifend und in Form einer zugehenden Hilfe. Die Klienten bestimmen, ob ein Gespräch zu Hause oder in der Beratungsstelle erfolgen soll. Angesichts der häuslichen Belastungssituation von Familien sind eine hohe Flexibilität und Bereitschaft für schnelles Handeln für den Erfolg maßgeblich."[130]

„Mit Angehörigen und Klienten gemeinsam wird [...] auf der Grundlage des sozialen Assessments eine Bedarfsanalyse der derzeitigen Lebenslage durchgeführt, die die gesundheitliche, soziale und wirtschaftliche Situation erfasst und psychische Aspekte wie Motivation und Selbsterleben maßgeblich einbezieht. Mögliche Unterstützungshilfen und Ressourcen, im professionellen Bereich wie auch im Gemeinwesen, werden auf deren Wirkungsgrad erkundet und miteinander abgewogen. Danach erfolgt eine gemeinsame Bewertung und Vereinbarung eines Hilfeplans mit Klienten und Angehörigen und die Vermittlung der einzelnen verabredeten

---

[128] Falk (2009), S. 185.
[129] Wendt (1995) S.163.
[130] Neumann (2011), S.327-328.

Hilfsangebote, wozu die verschiedenen Dienste, ambulante, teilstationäre oder stationäre Einrichtungen, Mittagstisch, Nachbarschaftshilfe, Vereine und sonstige Angebote gehören können."[131]

Das methodische Vorgehen gliedert sich in verschiedene Phasen.

Phasen des Case Management[132]:

1. Intake

   Zuerst muss identifiziert werden, welche Familienmitglieder zur Zielgruppe der Hilfesuchenden gehören. Eine Arbeitsbeziehung muss begonnen werden und über mögliche Angebote sollte beraten werden.

2. Assessment

   Dann wird eine Problem- und Ressourcenanalyse durchgeführt. Sowohl der Klient als auch die Fachkraft liefern ihre Einschätzungen und auch die Einschätzungen Dritter werden herangezogen. So werden Hypothesen und Prognosen erstellt.

3. Planning

   Anschließend werden Ziele der Hilfestellung entwickelt, der Hilfebedarf ermittelt und Indikatoren für Erfolg herausgearbeitet. Gemeinsam entwerfen der Hilfesuchender und die Fachkraft mögliche geeignete Maßnahmen.

   Es findet ein Hilfeplangespräch statt und Hilfen werden ausgewählt und festgelegt.

4. Linking

   Nach Erstellen eines Hilfe-/Pflege-oder bzw. und Integrationsplanes wird in die Maßnahmen übergeleitet und eigene Interventionen werden festgelegt.

5. Re-Assessment

   Die Ziel-Wirkung wird überprüft, die Akzeptanz des Klienten hinterfragt. Die hilfeleistenden Institutionen werden überprüft und gesteuert

---

[131] Neumann (2011), S.326-327.
[132] Neuffer (2005), S.52.

6. Evaluation

   Alle Beteiligten sollten den Lösungsansatz bewerten, es wird darüber ent-
   schieden, ob er fortgesetzt oder beendet wird und eventuell wird in andere
   Hilfen vermittelt. Erfolg und Aufwand werden evaluiert und eine Auswertung für die Gesundheits- und Sozialplanung erstellt.

Bestandteile des Case Managements können auch psychosoziale Beratung und Kri-
senintervention sein. [133]

2.3.2.4 Case Management in Pflegestützpunkten

„Im §92 c SGB XI wird den Ländern die Möglichkeit eingeräumt, unter Einbezie-
hung vorhandener Beratungs- und Unterstützungsstrukturen Pflegestützpunkte
(PSP) zu errichten, die als wohnortnahe Anlauf- und Koordinierungsstellen dem
Beratungs- und Hilfebedarf gerecht werden sollen. Träger der PSP sind neben den
Kranken- und Pflegekassen, die für die Einrichtung verantwortlich sind, die vom
Land bestimmten Stellen, insbesondere die für die wohnortnahe Betreuung zuständige Kommune oder damit beauftragte Dritte."[134] Es besteht die aktuelle Problematik minderjähriger pflegender Angehöriger, die bisher weder rechtlich, noch
tatsächlich befriedigend gelöst ist, über in Pflegestützpunkten beraten werden
sollte.

---

[133] Philipp-Metzen (2015), S.119.
[134] Schulz/Kunisch (2012), S.304.

3 Fazit

Das Grundziel und Hauptanliegen des deutschen Grundgesetzes ist die Gewährleistung eines menschenwürdigen Lebens. Diese Forderung des Gesetzgebers setzt die Notwendigkeit voraus, dass allen Menschen ein selbstbestimmtes Leben und die Teilhabe an der Gesellschaft möglich ist. Aufgrund verschiedener gesellschaftlicher Entwicklungen stehen deshalb der deutsche Staat, die Soziale Arbeit und die Gesellschaft vor großen Herausforderungen. Um der Forderung nach Gewährleistung finanzieller Sicherheit, Gleichberechtigung und Teilhabe nachzukommen, wurden die Sozialgesetzbücher (SGB) veröffentlicht und somit ein sehr komplexes Soziales Sicherungssystem entwickelt. So wurden zum Beispiel im SGB IX etliche Rechte für Menschen mit Behinderung festgelegt, das SGB XI gibt Anweisungen im Umgang mit Pflegebedürftigkeit und regelt die teilweise Finanzierung der Hilfeleistungen. Aus den Regelungen und Gesetzen lassen sich leicht die Forderungen der Gesellschaft nach optimaler Pflege und Betreuung sowie gleichberechtigten Teilhabechancen pflegebedürftiger Menschen schließen. Ansprüche sollen Realisiert werden, Angebote transparent und zugänglich gemacht werden, und vor allem soll der Mensch im Mittelpunkt stehen. Mit solchen Forderungen und Grundlagen als Motivation und Ziel agiert die Soziale Arbeit als Menschenrechtsprofession.

Zur professionellen Beratung bezüglich der Altenhilfe ist die Kenntnis des Krankheitsbildes Demenz notwendig.

Die häufigste Ursache einer Demenzerkrankung ist die Ablagerung von Eiweißen zwischen Gehirnzellen, die bewirkt, dass Kontakte zwischen den Nervenzellen abgebrochen werden und schließlich sogar die Nervenzellen absterben. Da zumindest primäre Demenzen – und 90% aller Betroffenen leiden unter primären Demenzen – unheilbar sind und deren Verlauf zwar verlangsamt aber nicht zum Stillstand gebracht werden kann, sind die Ziele einer Demenztherapie auf den längstmöglichen Erhalt vorhandener Ressourcen der Erkrankten, auf die Förderung des Wohlbefindens derselben und auch auf die Entlastung pflegender Angehöriger gesetzt. Durch das Fortschreiten der Krankheit Demenz nimmt das Absterben von Nervenzellen zu und vorhandene Fähigkeiten gehen nach und nach verloren. Dies führt dazu, dass oft starke Persönlichkeitsveränderungen der Betroffenen stattfinden. Neben körperlichen Veränderungen, wie Appetitstörungen, Stoffwechselstörungen und dem gestörten Tag-Nacht-Rhythmus fallen auch Veränderungen im Verhalten auf. Bei vielen Demenzkranken verstärken sich vorhandene Persönlichkeitszüge.

Dies im Beratungskontext zu wissen ist unabdingbar. Nur wenn der Sozialpädagoge sich ausführlich mit dem Krankheitsverlauf auseinandergesetzt hat und diesbezüglich Erfahrungen gesammelt hat, kann er professionelle Beratung bieten und auch professionell, empathisch und wertschätzend mit an Demenz erkrankten Menschen umgehen. Die Kenntnis des Krankheitsbildes ist Vorrausetzung für die Fähigkeiten der Empathie gegenüber der Angehörigen, sie ist auch ein Zeichen der Wertschätzung gegenüber Betroffenen.

Die Krankheit Demenz ist ein Thema, dem die Gesellschaft und auch durch die Soziale Arbeit hohe Aufmerksamkeit widmen muss.

4 Quellen- und Literaturverzeichnis

4.1 Lehrbücher

Burkard, Günter (2009): Zukunft der Familie. Prognosen und Szenarien. Opladen

Dilling et al. (Hrsg.) (2008): Taschenführer zur ICD-10-Klassifikation psychischer Störungen mit Glossar und diagnostischen Kriterien ICD-10, DCR-10 und Referenztabellen ICD-10 v.s. DS M-IV-TR (4. Aufl.) Bern

Engel, S. (2006): Alzheimer und Demenzen. Unterstützung für Angehörige. Stuttgart

Falk, J. (2009): Basiswissen Demenz. Lern- und Arbeitsbuch für berufliche Kompetenz und Versorgungsqualität. (2. Aufl.) Weinheim, München

Fischer, J.D.; Schwarz, G. (1999): Alzheimer-Kranke verstehen, betreuen, behandeln. Ratgeber für Fachleute, Angehörige und Helfer. Freiburg im Breisgau

Fuchs, H. (2011): Rehabilitation und Teilhabe behinderter Menschen. In: Zippel C., Kraus S. (Hrsg.), Soziale Arbeit für alte Menschen. Ein Handbuch. (2. Aufl., S.400-421) Köln

Hamann G.F. (2012): Vaskuläre Demenzen. In: Wallesch, C.-W.; Förstl, H. (Hrsg.), Demenzen (RRN – Referenz-Reihe Neurologie). (2. Aufl., S.272-280) Stuttgart

Heiber, A. (2015): Das Pflege-Stärkungsgesetz 1. Was ist zu tun? – Chancen und Risiken. Hannover

Heiber, A. (2016): Das Pflege-Stärkungsgesetz 2. Pflegeversicherung 2.0 – die Änderungen meistern. Hannover

Heiber, A. (2008): Die neue Pflegeversicherung. Antrag und Leistungen, neue Möglichkeiten und Chancen; [der Antrag - die Pflegestufen - die Leistungen: Ihre neuen Möglichkeiten und Chancen; reformiert zum 1. Juli 2008]. Wien

Helm, A. (2013): Die Bedeutung Sozialer Arbeit für Menschen mit Demenz. Personsein trotz einer Demenzerkrankung. Hamburg

Jahn, T.; Werheid, K. (2015): Demenzen. Fortschritte der Neuropsychologie. Göttingen [u.a.]

Kastner, U.; Löbach, R. (2014): Handbuch Demenz. Fachwissen für Pflege und Beratung. (3. Aufl.) München

Kerckhoff, A.; Wilkens, J. (2014): Was tun bei Demenz. Vorbeugung und Selbsthilfe. Essen

Klie, T. (2015): Demenz und Recht. Würde und Teilhabe im Alltag zulassen. Hannover

Leitner, S. (2015): Soziale Altenarbeit und Alterssozialpolitik. Schwalbach/Ts.

Ortseifen, B. (2011): Das Betreuungsgesetz und seine praktische Anwendung – was müssen Betreuung und Betreuer leisten? In: Zippel C., Kraus S. (Hrsg.), Soziale Arbeit für alte Menschen. Ein Handbuch. (2. Aufl., S.471-493) Köln

Nave-Herz, R. (2015): Familie heute. Wandel der Familienstrukturen und Folgen für die Erziehung. Darmstadt

Riederer, P.; Hoyer, S. (2012): Störungen der Neurotransmission bei Demenzen. In: Wallesch, C.-W.; Förstl, H. (Hrsg.), Demenzen (RRN – Referenz-Reihe Neurologie). (2. Aufl., S.52 - 86) Stuttgart

Philipp-Metzen (2015): Soziale Arbeit mit Menschen mit Demenz. Grundwissen und Handlungsorientierung für die Praxis. Stuttgart

Schulz, A; Kunisch, M. (2011): Beratungs- und Unterstützungsangebote für ältere Menschen und ihre Angehörigen. In: Zippel C., Kraus S. (Hrsg.), Soziale Arbeit für alte Menschen. Ein Handbuch. (2. Aufl., S.471-493) Köln

Staub-Bernasconi, S. (2013): Soziale Arbeit als (eine) Menschenrechtsprofession. In: Hering, Sabine (Hrsg.): Was ist Soziale Arbeit. Traditionen - Widersprüche – Wirkungen. Berlin

Wallesch, C.-W.; Förstl, H. (2012): Klinische Diagnostik. In: Wallesch, C.-W.; Förstl, H. (Hrsg.), Demenzen (RRN – Referenz-Reihe Neurologie). (2. Aufl., S.128-135) Stuttgart

Wallesch, C.-W.; Förstl, H. (Hrsg.). (2012): Demenzen (RRN – Referenz-Reihe Neurologie). (2. Aufl.) Stuttgart

Zippel, C.; Kraus, S. (2011): Soziale Arbeit für alte Menschen. Ein Handbuch. (2. Aufl.) Frankfurt am Main

4.2 Kommentare

Knittel, B. (2011): SGB IX. Kommentar zum Sozialgesetzbuch IX Rehabilitation und Teilhabe behinderter Menschen und Allgemeinen Gleichbehandlungsgesetz. (5. Aufl.) Luchterhand

Walhalla Fachverlag (Hrsg.). (2016): PSG II, NBA – Pflegereform 2016/2017 Das neue SGB XI. Vergleichende Gegenüberstellung/ Synopse. Gesetzesmaterialien und Erläuterungen zum Pflegestärkungsgesetz II. Regensburg

4.3 Sonstige Quellen

Bickel, H. (2016): Die Häufigkeit von Demenzerkrankungen. Informationsblatt 1 der deutschen Alzheimer Gesellschaft (Juni 2016)

McGowin, D. F. (1994): Wie in einem Labyrinth. Leben mit der Alzheimer-Krankheit. München

McKhann, G.; Drachman, D.; Folstein, M.; Katzman, R.; Price, D.; Stadlan, E. M. (1984): Clinical diagnosis of Alzheimer's disease: Report of the NINCDS-ADRA Work Group under the auspices of Department of Health and Human Services Task Force on Alzheimer's Disease. In: Neurology, 34

Saß, H.; Wittchen, H.-U.; Zaudig, M.; Houben, I. (2003): Diagnostische Kriterien. DSM-IV-TR. Göttingen

Spatscheck, C. (2008): Soziale Arbeit als Menschenrechtsprofession. In: Sozial Extra Ausgabe 5, 6/2008, S. 6-9

Synder,L. (2011): Wie sich Alzheimer anfühlt. Bern

Webseite des Medizinischen Dienstes der Krankenversicherung. URL: http://www.mdk.de/315.htm (letzter Zugriff am 30.07.16)